An Dhammapada

An Dhammapada

Nathanna an Bhúda

Eagrán dátheangach i bPáilis agus i nGaeilge

Scott Oser

a chuir Gaeilge air

2019

Arna fhoilsiú ag Evertype, 19A Corso Street, Dundee, DD2 1DR, Alba / Scotland.
www.evertype.com.

Foilsithe le caoinchead ó FS / Foilseacháin Ábhair Spioradálta.

Bhuaigh an t-aistriúchan seo Duais FS ag Comórtais Liteartha an Oireachtais in 2019. Tá an t-aistritheoir faoi chomaoin ag Timire—Foilseacháin Ábhair Spioradálta as ucht an duais a mhaoiniú.

Tá taifead catalóige don leabhar seo le fáil ó Leabharlann na Breataine.
A catalogue record for this book is available from the British Library.

ISBN-10 1-78201-259-1
ISBN-13 978-1-78201-259-7

Dearadh agus clóchur: Michael Everson.
Baskerville agus New Pelican na clónna.

Clúdach: Michael Everson.
"Cúlra loiteoige Áisí" © Veyronik. www.dreamstime.com/veyronik_info.

Réamhfhocal

Is mór an pléisiúr dom an t-aistriúchán Gaeilge seo den Dħammapada, ceann de phríomhthéacsanna an Bhúdachais Theireaváda, a chur ar fáil. Is aoibhinn liom go háirithe eagrán dátheangach a chur ar fáil, a bheidh ina áis do lucht foghlamtha na Páilise, teanga a casadh orm den chéad uair agus mé i m'iarchéimí i Los Angeles na blianta ó shin.

Chuir Scott Oser a aistriúchán isteach ar Chómortais Liteartha an Oireachtais 2019 sa chatagóir A14 ("Saothar Creidimh"), agus bronnadh an chéad duais sa chomórtas sin air.

Mar an gcéanna ba phléisiúr dom dul i gcomhairle le hĀnandajoti Bhikkhu, agus an t-eagrán seo á ullmhú againn. Eisean a chuir an téacs Páilise ar fáil, agus i ndiaidh an réamhfhocail seo gheofar cur síos ar ghnéithe áirithe den téacs Páilise a chuir sé le chéile le haghaidh a aistriúcháin féin go Béarla.[1]

Tá fíorbheagán athruithe déanta agam ar aistriúchán Scott, lena chead agus lena fhaomhadh. Ar an gcéad dul síos, is rogha liom na téarmaí Sanscraite *arhat*, *Dħarma*, *gandħarva*, agus *Gautama* mar mhalairt ar na téarmaí Páilise *arahant*, *Dħamma*, *gandħabba*, agus *Gotama*. Sa téacs Gaeilge baintear úsáid as an focal *Nirbheána* le haghaidh *Nirvāṇa* na Sanscraite agus *Nibbāna* na Páilise. Ar an dara dul síos, tá na bristeacha líne ina chéadaistriúchán athraithe agam chun bheith ar aon dul leis an téacs Páilise ar na leathanaigh thall.

Tá cur síos déanta agam freisin ar chóras fuaimeanna na bhfocal i Sanscrait agus i bPáilis, ós rud é go bhfuil a n-ortagrafaíocht an-difriúil ó chóras fuaimeanna na Gaeilge. Tugtar faoi deara go scríobhtar na fuaimeanna Sanscraite *bħ* [bʰ], *cħ* [tʃ], *dħ* [dʰ], *għ* [gʰ], *tħ* [tʰ], le *ħ* crosta laistigh den téacs Gaeilge d'fhonn iad a idirdhealú ón nGaeilge *bh* [v], *ch* [x], *dh* [ɣ], *gh* [ɣ], *th* [h]. (Féach lch. xx.)

Mar aon le Scott Oser agus le hĀnandajoti, tá súil agam go dtaitneoidh an t-eagrán seo le daltaí an Dħarma agus le lucht léite na Gaeilge.

Michael Everson
Dún Déagh, Mí na Nollag 2019

1 Ānandajoti, Bhikkhu, aistr. 2019. *The Dhammapada – The Sayings of the Buddha: A bilingual edition in Pāḷi and English*. Dundee: Evertype. ISBN 978-1-78201-258-0.

Nótaí faoin téacs Páilise[2]

Toradh beagnach cúig bliana déag d'obair ar an Dhammapada Pálach atá sa téacs Páilise atá le fail san eagrán seo. D'fhoilsigh mé *New Edition of the Dhammapada* i 2004,[3] inar cuireadh na leaganacha malartacha sna móreagráin chlóite den téacs Páilise i gcomparáid lena chéile, leis an meadaracht curtha san áireamh chomh maith.

Cineálacha véarsaí

Is dóigh liom go bhféadfaí "bunúsach" a thabhairt ar na véarsaí, ós rud é nach bhfuil an míneadas ná an chastacht acu a bhíonn le fáil san ardvéarsaíocht chlasaiceach Indiach. Ach is cuid dá ndraíocht í a neamhbhailbhe, leis.

Tá cineálacha bunúsacha véarsaí aitheanta agam á n-úsáid sa Dhammapada, agus tá siad rangaithe agam de réir mar a bhíonn na véarsaí tuairisciúil,[4] saintreorach, nó reitriciúil (ar nós ceisteanna agus mar sin de). Ina theannta sin baineann na véarsaí úsáid as samhlacha agus as meafair chun dul i gcion ar an éisteoir.

Dar ndóigh ní hamhlaidh go mbaineann gach véarsa go docht le haon chatagóir amháin, mar go mbaineann cuid acu le roinnt catagóirí, ach mar sin féin is féidir achoimre réasúnta maith a dhéanamh ar ábhair na véarsaí trí na catagóirí seo. Tugaim liostaí thíos de na háiteanna ina bhfaightear iad seo sa téacs.

Déanann **véarsaí tuairisciúla** cur síos lom ar fhíricí faoi mar a thuig an Búda, nó an luathphobal Búdaíoch, iad. Sampla amháin ná an chéad véarsa sa chnuasach:

2 Nóta an aistritheora: Is é an tUrramach Ānandajoti a chuir eagar ar an téacs Páilise atá san eagrán dátheangach seo den Dhammapada. Scríobh Ānandajoti roinnt nótaí in éineacht leis, agus tá siad aistrithe go Gaeilge agam agus curtha in oiriúint don eagrán seo. Táimid buíoch d'Ānandajoti as an téacs Páilise agus na nótaí seo a chur ar fail don phobal saor in aisce.—S.O.

3 Féach *New Edition of the Dhammapada*: www.ancient-buddhist-texts.net/Buddhist-Texts/K2-Dhammapada-New/ (aisghafa ar 2019-11-22).

4 Is minic a bhíonn siad seo saintreorach chomh maith sa mhéid go gcuireann siad síos ar iompar ceart, gan á rá, áfach, gur chóir duit an t-iompar ceart a leanúint.

1 **Manopubbaṅgamā dhammā, manoseṭṭhā manomayā,**
Téann an intinn roimh gach ní meabhrach, í ina máistir air,
é cruthaithe aici.
manasā ce paduṭṭhena bhāsati vā karoti vā,
Más le hintinn thruaillithe a labhraíonn duine
nó a dhéanann sé gníomh,
tato naṁ dukkham-anveti cakkaṁ va vahato padaṁ.
leanann an léan é mar a leanann roth na cairte cos an daimh.

Tá thart ar 344 véarsa den chineál seo (81%): 1–39, 41, 42, 43, 45, 46, 47, 48, 51–60, 63–74, 76, 79–83, 86, 89–115, 117–122, 124–128, 131, 132, 134–145, 148–156, 160–165, 171–178, 181–196, 200–209, 211, 217–220, 222, 225–230, 235, 237, 240, 241, 244–247, 249–263, 265–273, 275–280, 283, 284, 286, 287, 288, 291–301, 303–312, 314–326, 331–339, 341, 342, 346, 347, 349–352, 354–368, 372–375, 378, 381, 382, 384–388, 390–393, 395–323.

Is amhlaidh a leagann **véarsaí saintreoracha** síos rialacha iompair, nó molann siad cur chuige éigin a bheith níos tairbhí. Sampla amháin ná an 40ú véarsa sa chnuasach:

40 **Kumbhūpamaṁ kāyam-imaṁ viditvā,**
Bíodh a fhios agaibh go bhfuil an corp seo cosúil le crúsca,
nagarūpamaṁ cittam-idaṁ ṭhapetvā,
agus daingnígí an intinn seo ar nós dúin.
yodhetha Māraṁ paññāvudhena,
Ionsaígí Māra leis an eagna mar uirlis,
jitañ-ca rakkhe, anivesano siyā.
Ba cheart ansin bhur mbuachan a chosaint agus bheith
gan cheangal.

Áirím 67 véarsa a bheith sa chatagóir seo (15%): 40, 46, 49, 50, 61, 75, 77, 78, 84, 87, 88, 116, 123, 129, 130, 133, 144, 157, 158, 159, 166, 167, 168, 169, 170, 197, 198, 199, 210, 221, 223, 224, 231, 232, 233, 234, 236, 238, 239, 242, 243, 248, 274, 281, 282, 285, 289, 290, 302, 313, 315, 327, 328, 329, 330, 340, 343, 348, 369, 370, 371, 376, 377, 379, 380, 383, 389.

Ní áirím ach 13 **véarsaí reitriciúla** a bheith ann, agus 3% den chnuasach atá iontu. Sampla amháin ná véarsa 44:

44 **Kŏ imaṁ paṭhaviṁ vicessati**
Cé a iniúchfaidh an domhan seo,
yamalokañ-ca imaṁ sadevakaṁ?
agus an saol básmhar seo lena dhéithe?
Ko dhammapadaṁ sudesitaṁ
Cé a bhainfidh tuiscint as an véarsa Dharma seo,
atá múinte go maith,
kusalo puppham-ivappacessati?
mar a bhaineann an duine oilte bláthanna?

Féach véarsaí 44, 46, 62, 146, 179, 180, 212–216, 264, 353, 394.

Is minic a bhaintear úsáid ar fud an chnuasaigh as **samhlacha**,[5] ina gcuirtear dhá rud atá éagsúil i gcomparáid lena chéile chun pointe a chur ina luí ar an éisteoir. Tá sampla le fáil sa phéire deireanach línte i véarsa 7, a chuireann a éascaíocht is a threascraíonn Māra an duine leisciúil i gcomparáid le crann lag á threascairt ag an ngaoth gan stró:

7 **Subhānupassiṁ viharantaṁ, indriyesu asaṁvutaṁ,**
An té a chaitheann a shaol ag meabhrú nithe taitneamhacha,
gan a chéadfaí faoi shrian,
bhojanamhi amattaññuṁ, kusītaṁ hīnavīriyaṁ –
nach eol dó measarthacht bia, is atá leisciúil gan bhrí—
taṁ ve pasahati Māro vāto rukkhaṁ va dubbalaṁ.
treascróidh Māra é, mar a threascraíonn an ghaoth crann lag.

Baineann 89 véarsaí úsáid as samhlacha (21%): 1, 2, 7, 8, 13, 14, 19, 21, 28, 29, 31, 33, 34, 40, 44, 45, 46, 49, 51, 52, 53, 58, 59, 64, 65, 71, 76, 81, 82, 91–95, 123, 125, 134, 135, 136, 143, 144, 149, 150, 152, 155, 156, 161, 162, 164, 170–174, 202, 208, 219, 220, 222, 235, 239, 240, 251, 252, 268, 284, 285, 287, 304, 311, 315, 320, 325, 326, 327, 329, 330, 334–338, 342, 343, 347, 377, 380, 401, 407, 413.

Ní chuireann **meafair** rudaí i gcomparáid, ach tuigeann siad le fios go bhfuil cosúlacht idir dhá ní atá éagsúil taobh amuigh de sin. Tá sampla le fáil i véarsa 25, mar gurb é an t-oileán an tearmann a bhfuil an duine ar a sheacht ndícheall a dhéanamh.

5 Is gnách go gcuireann focal comparáide in iúil iad—focail ar nós *iva, va, viya, yathā, upama,* agus *sama.*

25 **Uṭṭhānen' appamādena saṁyamena damena ca,**
Le fuinneamh, dícheallacht, guaim agus measarthacht,
dīpaṁ kayirātha medhāvī yaṁ ogho nābhikīrati.
ba chóir don saoi oileán a dhéanamh nach mbáfaidh aon tuile.

Aithním 77 véarsa sa chnuasach seo a bhaineann úsáid as meafair (18%): 25, 26, 35, 40, 46, 47, 48, 54–57, 60, 66, 69, 80, 85, 86, 103, 121, 122, 145, 147, 151, 153, 154, 160, 174, 175, 204, 205, 211, 218, 222, 235–238, 242–244, 254, 255, 262, 263, 275, 276, 282, 283, 288, 294, 295, 302, 321–323, 339–341, 344–346, 350, 351, 354, 356–359, 363, 369–371, 385, 387, 388, 414.

Leagan Amach na Véarsaí

Is sa mheadaracht *Siloka* a scríobhadh mórchuid na véarsaí: ceithre líne ina bhfuil ocht siolla sa líne. De bharr go mbíonn dhá líne san aonad céille, leagtar amach na véarsaí sa téacs ina phéirí línte.

Tá cuid mhaith véarsaí sa Dhammapada atá scríofa i struchtúir eile meadarachta, iad seo san áireamh: *Tuṭṭhubha* (11 siolla), *Jagati* (12 siolla), *Vetālīya*, agus *Opacchandasaka* (arb athraitheach a bhfad sa dá mheadaracht seo).[6]

Leagtar amach iad seo mar cheithre líne ar leith, ar aon dul le haonad na céille, arb é an líne anseo de ghnáth. Seo sampla den mheadaracht *Vetālīya* (v. 15):

15 **Idha socati, pecca socati,**
Tá sé faoi bhuairt abhus, tá sé faoi bhuairt tar éis a bháis,
pāpakārī ubhayattha socati,
sa dá chás tá an t-ainbheartach faoi bhuairt.
so socati, so vihaññati,
Tá sé faoi bhuairt, tá sé croíbhriste,
disvā kammakiliṭṭham-attano.
agus a chuid drochghníomh feicthe aige.

Seo sampla den mheadaracht *Tuṭṭhubha* (v. 19):

19 **Bahum-pi ce sahitaṁ bhāsamāno,**
Fiú má aithrisíonn duine faillitheach neart scrioptúr,

6 Tá a thuilleadh eolais i dtaobh na meadarachta le fáil i mo *New Edition of the Dhammapada*: www.ancient-buddhist-texts.net/Buddhist-Texts/K2-Dhammapada-New/ (aisghafa ar 2019-11-22).

na takkaro hoti naro pamatto,
mura ndéanann sé beart de réir a bhriathair
gopo va gāvo gaṇayaṁ paresaṁ,
tá sé cosúil le haoire bó ag déanamh comhairimh ar bha daoine eile.
na bhāgavā sāmaññassa hoti.
Ní bhíonn sé páirteach i dtorthaí an tsaoil bheannaithe.

San aistriúchán seo is gnách go pléitear leis na véarsaí astu féin, ach ó am go chéile, nuair atá dlúthbhaint ag véarsa leis na véarsaí ina dhiaidh, ní féidir iad a scaradh. Sa chás seo baintear úsáid as leathlúibíní ar uimhreacha na véarsaí chun an ceangal a chur in iúl. Seo sampla (véarsaí 58–59):

58⌝ **Yathā saṅkāradhānasmiṁ ujjhitasmiṁ mahāpathe**
Go díreach mar a fhásfadh loiteog chumhra aoibhinn
padumaṁ tattha jāyetha, sucigandhaṁ manoramaṁ,
i gcarn bruscair atá caite amach ar an mbóthar mór,

59⌟ **evaṁ saṅkārabhūtesu, andhabhūte puthujjane**
mar sin a bhíonn dalta an fhíor-Bhúda lánmhúscailte
ag lonrú go geal le heagna
atirocati paññāya Sammāsambuddhasāvako.
i measc charn bruscair na ngnáthdhaoine dalla.

Seo na véarsaí atá curtha le chéile sa tslí seo: 58–59, 73–74, 85–86, 104–105, 137–140, 153–154, 186–187, 188–189, 190–192, 195–196, 219–220, 229–230, 242–243, 246–247, 262–263, 271–272, 345–346, 360–361.

Gnásanna

Is nós é sa Pháilis an guta *a* nó an guta *i* a scríobh corruair le comhartha giorrachta beag inbhéartaithe faoina bhun (mar a léirítear sna focail *kayi̯rā* agus *ara̯hati*); déantar é seo nuair nach ceart an guta sin a fhuaimniú lena ghnáthfhad, mar gheall ar riachtanais na meadarachta. Seo sampla (v. 22):

22 **Etaṁ visesato ñatvā appamādamhi paṇḍitā,**
Nuair a bhíonn léirthuiscint ag na saoithe ar an dícheallacht,
appamāde pamodanti, Ari̯yānaṁ gocare ratā.
cuireann an dícheallacht an-ghliondar ar a gcroí,
agus déanann siad aoibhneas i léibheann na nUaisle.

Téann an nós seo i bhfeidhm ar na véarsaí seo: (*a̭*) 8, 9, 10, 30, 82, 95, 98, 230, 389, agus (*i̭*) 22, 25, 42, 43, 53, 61 ×2, 64, 65, 73, 79, 88, 105, 112, 117 ×3, 118 ×2, 141, 155, 156, 159, 161, 164, 177, 183, 190, 191, 206, 208, 211, 223, 267, 281, 292, 312, 313, 330, 388.

Corruair marcáiltear an guta *e* nó an guta *o* le comhartha giorrachta; arís is mar gheall ar an meadaracht a tharlaíonn sé seo. Sa chás seo ní mór siolla a bheadh trom de ghnáth a áireamh mar siolla éadrom. Seo sampla (v. 44):

44 **Kŏ imaṁ paṭhaviṁ vicessati**
Cé a iniúchfaidh an domhan seo,
yamalokañ-ca imaṁ sadevakaṁ?
agus an saol básmhar seo lena dhéithe?

Déantar é seo sna véarsaí seo: (*ĕ*) 17, 18, and (*ŏ*) 44, 95, 172, 173, 324, 341, 362 ×2, 382.

Ānandajoti Bhikkhu
Sadao, Songkhla, an Téalainn, Mí na Samhna 2019

Réamhrá

Tá an Dhammapada ar cheann de na téacsanna is cáiliúla sa Bhúdachas. Cnuasach véarsaí gonta atá ann, a chuireann síos ar bhunphrionsabail an Bhúdachais i stíl thaitneamhach shothuigthe. Ní hionann is a lán téacsanna Búdaíocha, a mbíonn féith na teibíochta agus na saindiamhrachta le brath iontu, úsáideann an Dhammapada meafair nithiúla ón ngnáthshaol chun friotal a chur ar theagasc an chreidimh. Cuirfidh cuideanna den téacs gaois sheanfhocail na Gaeilge i gcuimhne don léitheoir, nó b'fhéidir parabail na soiscéalta Críostaí. Ní nach ionadh, tá sé ar na saothair is mó a bhfuil gean an phobail Bhúdaíoch air.

Cad 'na thaobh gur thug mé faoi leagan Gaeilge a chur ar fáil den tsaothar seo? Spadhar éigin a bhuail mé, gan amhras, ach ní gan fáth. Cé nach Búdaí mé (agus ní ghéillim do gach aon tuairim atá le léamh sa Dhammapada), bhí suim agam riamh sna teagasca níos praiticiúla atá le fáil sa chreideamh—sin le rá, na modhanna praiticiúla atá ann chun dul i ngleic leis an saol. Cé gur ilghnéitheach ar fad an rud é an Búdachas, bíonn sé fréamhaithe sa tuiscint gur orainn féin a bhraitheann ár sonas. Níor shlánaitheoir é an Búda, ach teagascóir. Sa lá atá inniu ann, ar lú ná riamh ár n-iontaoibh i reiligiúin thraidisiúnta an Iarthair, is cuí súil a chaitheamh soir ar chreideamh an-difriúil a bhfuil dearcadh eile aige ar an saol, agus féachaint cad atá le foghlaim uaidh.

An Búda agus a shaol

Ní heol dúinn go beacht mórán faoin mBúda féin, d'ainneoin an iliomad miotas a bhaineann leis. Is féidir talamh slán a dhéanamh de gur mhair sé i dtuaisceart na hIndia sa chúigiú haois RCR. Siddhattha Gotama (Sanscrait Siddhārtha Gautama) a ainm ceart, dar leis an traidisiún sa teanga Páilis, inar scríobhadh an Dhammapada. Níl san fhocal "Búda" ach teideal, agus "an té a mhúscail" mar bhrí aige.

Ré nuálaíochta i gcúrsaí creidimh ab ea ré an Bhúda. D'eascair gnáthchleachtais reiligiúnacha na hIndia san am sin ó na téacsanna Véideacha, a leag síos deasghnátha, íobairtí, agus nósanna sóisialta a roinn an sochaí Indiach ina sainaicmí éagsúla. Bhí tábhacht agus stádas faoi leith ag sainaicme na sagart—na Brámain. Ach is mó duine i ré an Bhúda a thug cúl leis na traidisiúin seo agus chuaigh ar thóir cleachtais spioradálta eile. Is i mbun diantréanais agus i mbun teicnící machnaimh a chuaigh a lán tóraitheoirí, agus ba mhinic a d'fhágadh cuid acu a dtithe agus a gcuid maoine ina ndiaidh chun dul ag fánaíocht ina ndíthreabhach, faoi stiúir saoithe éagsúla. "Hipithe" a ré úd ab ea iad seo, d'fhéadfá a rá.

Is leis an dream tóraitheoirí seo a bhain Gotama. De réir na scéalta, prionsa ab ea é i bpoblacht bheag na Sakya (Sanscrait Śākya), a bhí suite ar an teorainn idir Neipeal agus India an lae inniu. D'ainneoin a chuid saibhris agus chompord a shaoil, thréig Gotama an pálás agus a chlann, agus é naoi mbliana fichead d'aois, chun a leas spioradálta a lorg. Tar éis roinnt blianta a chaitheamh ag staidéar le beirt ghúrúnna, agus roinnt blianta eile ag cleachtadh diantréanas uafásach le grúpa aiséiteach, bheartaigh sé slí níos éifeachtaí—a shlí féin—a leanúint. Bhain sé amach léargas spioradálta dá bharr—léargas ar chúis an léin, agus ar an modh chun deireadh a chur leis an léan. Mhaígh sé go raibh sé saor ó phian, ó léan, agus ó anró, agus go múinfeadh sé do dhaoine eile conas an staid chéanna a bhaint amach. Baisteadh an Búda air ón am sin amach.

Bhunaigh an Búda ord manach a dtugtar an "*saṅgha*" (pobal) air, a mhaireann fós. Bhunaigh sé ord mná rialta, leis—rud neamhchoitianta go leor san am sin, agus rud a raibh sé féin in amhras faoi, ach rud a rinne sé mar sin féin. Chaith seisean daichead is cúig bliana ag taisteal ó áit go háit i dtuaisceart na hIndia, ag múineadh agus ag scaipeadh a theagaisc. Thug an Búda agus a chuid manach a mbeatha i dtír ag múineadh na dtuataí agus ag iarraidh déirce uathu, agus ó shin i leith bíonn spleáchas agus dlúthchaidreamh idir na manaigh Bhúdaíocha agus na tuataí sna tíortha Búdaíocha.

Tháinig a ghluaiseacht slán ó bhás an Bhúda féin, agus leathadh an creideamh nua ar fud na hIndia agus trasna na hÁise le himeacht ama. Ach scoilt sé i scoileanna difriúla de réir a chéile. Tugtar *Teireavháda* (Sanscrait *Theravāda*) ar an scoil Bhúdachais atá forleathan in oirdheisceart na hÁise, i dtíortha ar nós Srí Lanca, an Téalainn, Maenmar, Laos, agus an Chambóid. Go ginearálta, cuireann an scoil seo béim ar an mBúda mar eiseamláir agus teagascóir, agus maíonn lucht na scoile sin gur iadsan is dílse do theagasc bunaidh an Bhúda. Is leis an scoil Teireavháda a bhaineann an leagan den Dhammapada atá san aistriúchán seo. *Mahāyāna* a thugtar ar na scoileanna Búdachais atá flúirseach sa Tibéid, sa tSín, sa tSeapáin, agus sa Chóiré. Glacann na scoileanna seo le roinnt téacsanna agus nuálaíochtaí nach nglacann an Teireavháda leo. Bíonn suim faoi leith acu i m*Bodhisattvaí*—neacha naofa a chuireann a bhfuascailt spioradálta féin ar an méar fhada d'fhonn cabhair a thabhairt do dhaoine eile dul chun cinn a dhéanamh ina dturas spioradálta. Is minic a thugann lucht Mahāyāna deabhóid do na Bodhisattvaí seo, atá beagnach gan chomhaireamh. I gcodarsnacht leis sin, bíonn lucht an Teireaváda dírithe ar an mBúda féin, agus is mó an bhéim a chuireann sé ar iarracht an duine aonair ina thuras.

Teagasc an Bhúda

Tá éagsúlacht thar cuimse le fáil sa Bhúdachas, agus iarracht in aisce a bheadh ann cur síos cuimsitheach a thabhairt ar gach aon ghné den chreideamh. Ach ní foláir achoimre a dhéanamh ar theagasc an Bhúda mar a thuigeann lucht an Teireaváda é.

Mhaígh an Búda go mbaineann trí shaintréith faoi leith leis an saol ina iomlán:

- "*dukkha*" (pian, léan, buairt, strus, míshástacht; Sanscrait *duḥkha*): Dar leis an mBúda, ní féidir sásamh buan a aimsiú i rud ar bith. Baineann crá croí sa deireadh le gach gné den tsaol. Bíonn duine buartha nuair nach bhfaigheann sé mian a chroí, nó nuair a chailleann sé na rudaí is ansa leis. Tá gach rud míshásúil sa deireadh, agus cé go mbíonn sonas le fáil ó am go chéile, ní mhaireann an sonas sin go deo.
- "*anicca*" (neamhbhuaine; Sanscrait *anitya*): "Ní thugann rud ar bith ach seal", mar a deir an seanfhocal. Ní mhaireann aon rud go deo. Faigheann fiú na déithe bás sa deireadh, dar leis an mBúda, agus shéan sé go láidir go bhfuil aon bheatha shíoraí ann. Bíonn rudaí luaineach ó lá go lá, fiú an intinn féin.
- "*anattā*" (easpa anama; Sanscrait *anātman*): Mura bhfuil aon rud buan, ciallaíonn sé nach bhfuil anam buan ag aon duine nó in aon rud. D'fhéach an Búda ar an duine daonna mar bhailiúchán comhábhar (mar shampla an corp, mothú, comhfhios, ⁊rl.), a thagann le chéile nuair a bheirtear duine, agus a thiteann as a chéile tar éis an bháis. Is beag leanúnachas atá ag duine le linn a shaoil féin fiú, óir bíonn an duine luaineach, ag síorathrú, gan féiniúlacht bhuan ann féin.

Agus an méid seo ráite, cheapfá nár chreid an Búda sa saol eile. Ach bheadh dul amú ort ansin. Dhearbhaigh sé go mbeirtear neacha beo arís tar éis a mbáis, agus go bhfuil tionchar ag ár gcuid gníomhartha sa saol seo ar an saol a bheidh againn sa todhchaí. Tarraingíonn an maíomh seo ceist láithreach: mura bhfuil ann don anam, cad é a athshaolófar, nó cad a dhéanann ceangal idir do shaol anois agus an saol a bheidh agat tar éis an bháis? Ceist achrannach i stair an Bhúdachais í an cheist seo, agus d'admhaigh an Búda féin go bhfuil an scéal caolchúiseach agus gur deacair a thuiscint. Is minic a bhaineann téacsanna Búdaíocha úsáid as analacha chun an cheist a shoiléiriú. Mar shampla, deirtear go bhfuil saol duine cosúil le lasair i lampa. Má úsáidtear an lasair sin chun lampa nua a lasadh, ní hionann an lasair nua agus an lasair a las é, ach is léir gurb í an chéad lasair is siocair don lasair nua. Chun idirdhealú a dhéanamh idir an pictiúr seo agus an tsamhail go dtéann anam ó chorp go corp, tugann Búdaithe "athbhreith" seachas "athionchollú" ar a dtarlaíonn do dhuine tar éis a bháis.

- "*Karma*" a thug an Búda ar an bpróiseas a cheanglaíonn gach saol leis an saol a thagann ina dhiaidh. Is féidir karma maith a dhéanamh, trí dhea-ghníomhartha a dhéanamh. Má dhéanann tú amhlaidh, seans go n-athshaolófar thú i gcúinsí compordacha, nó fiú mar dhia i gceann de na neamha éagsúla. (Ach ní mór cuimhneamh go bhfaigheann fiú déithe bás, de réir an Bhúdachais.) Ach má dhéanann tú olc, tabharfaidh do chuid karma thú go saol ainnis, nó fiú athbhreith in ifreann. (Ach arís, ní mhairfidh an staid sin go deo, agus éalaíonn gach neach in ifreann go saol eile sa deireadh.)

Tá cosúlacht láidir ag tuiscint an Bhúda ar karma leis an tuiscint atá le fáil sa Hiondúchas nó sa Jaineachas. Ach thug an Búda a mhíniú féin ar an scéal. Dar leis, ní hé an gníomh féin a dhéanann karma, ach an rún atá san intinn nuair a dhéantar é. Má dhéantar rud le dea-rún, tagann karma maith as an ngníomh. Ach is olc ar fad an gníomh a dhéantar le drochrún, agus is measaide a bheidh duine a dhéanta, sa saol seo nó i saol atá le teacht.

B'fhearr le gach éinne athshaolú ar neamh ná bheith beirthe mar ainmhí nó fiú in ifreann, agus cuireann an Búdachas an-bhéim ar chúrsaí moráltachta dá bharr. Ach ní leor é sin, dar leis na Búdaithe. Cuimhnigh go mbaineann léan le gach gné den tsaol sa deireadh. Níl breith ann nach dtagann seanaois agus bás ina diaidh, agus ní hannamh a fhulaingíonn neacha lena mbeo, fiú na déithe féin. D'fhéach an Búda ar an timthriall athbhreithe seo mar phríosún. Uaireanta bíonn an príosún sin níos ainnise, agus uaireanta eile níos compordaí, ach príosún atá ann fós. An fhaid is a fhanann tú i bpríosún, tá fulaingt i ndán duit. Tugann na Búdaithe *saṃsāra* ar an gciorcal athbhreithe seo.

Ba é a mhaígh an Búda ná go bhfuair sé cúis an léin, agus slí chun éalú uaidh. Is iad ár mianta féin a chruthaíonn léan dúinn féin, dar leis. Má bhíonn dúil agat i rud nach féidir leat a fháil, baineann pian leis sin. Má chailleann tú rud is ansa leat, baineann crá croí leis. Aon rud a chloíonn do chroí leis, is cúis bhróin duit sa deireadh an rud sin, mar nach maireann aon rud go deo, agus ní féidir le haon rud thú a shásamh go buan. B'fhearr gan bheith ag tnúth le rud ar bith, mar is é an tnúth féin a thugann orainn karma a dhéanamh, dár gceangal leis an timthriall athbhreithe.

Dhearbhaigh an Búda gur éirigh leis a chuid mianta a mhúchadh, agus go raibh sé saor ó phian, ó chrá croí, agus ó léan ar fad. Nirbheána (Sanscrait *Nirvāṇa*, Páilis *Nibbāna*) a thugtar ar an staid seo, ina bhfuil an duine múscailte gan bhuairt, ar a sháimhín só, agus sárthuiscint ar an saol aige. Ní hionann Nirbheána is neamh—is féidir torthaí Nirbheána a bheith agat sa saol seo, agus ní athshaolaítear an duine múscailte tar éis a bháis.

Mhúin an Búda gur féidir linn Nirbheána a bhaint amach dúinn féin, agus leag sé amach conair, a dtugtar conair na n-ocht rian air, chun cabhrú linn an gníomh a chur i gcrích. Tá ocht gcuid sa chonair seo:

- Tuairimí Cearta: tuiscint cheart a bheith agat ar an saol, ar léan is ar a chúiseanna, agus ar an toradh a bhíonn ar ár gcuid gníomhartha
- Rún Ceart: bheith meáite ar an gconair a leanúint
- Caint Cheart: bheith ionraic agus lách i do chuid cainte
- Gníomh Ceart: staonadh ó neacha a ghortú, ón ól, ó bheith ag goid, agus ó mhí-iompar gnéis.
- Slí Bheatha Cheart: do bheatha a shaothrú i slí nach ndéanann dochar duit ná do neacha eile
- Iarracht Cheart: bheith díograiseach chun an intinn a choimeád glan
- Meabhrachas Ceart: bheith meabhrach i gcónaí
- Machnamh Ceart: teicnící machnaimh faoi leith a chleachtadh

Ceapann Búdaithe go gcuireann an chonair seo ar a gcumas déileáil leis an saol mar atá agus dul chun cinn a dhéanamh ina dturas go Nirbheána. Ceaptar go coitianta go dtógann an turas sin achar fada ama—níos mó ná saol amháin de ghnáth—ach de réir a chéile cuirtear srian leis na mianta agus tagann fuascailt dá bharr.

An Dhammapada

Cnuasach nathanna a luaitear leis an mBúda is ea an Dhammapada, agus iad scríofa i véarsaí. Ní cur síos cuimsitheach ar theagasc an Bhúda é, ach tugann sé spléachadh dúinn ar a lán gnéithe den Bhúdachas. Tá an Dhammapada oiriúnach go háirithe do ghnáthdhaoine nach manaigh ná saineolaithe iad, a bhfuil cuntas soléite lom uathu ar an teagasc. Dá bharr sin tá an Dhammapada ar na téacsanna Búdaíocha ar mó a bhíonn ar eolas ag gnáth-Bhúdaithe.

Tá leaganacha den Dhammapada againn inniu i dteangacha éagsúla, a bhaineann le scoileanna éagsúla an Bhúdachais, ach is é an leagan

Teireaváda an ceann is cáiliúla agus an ceann is faide, agus is é an ceann sin atá le fáil san aistriúchán seo. Tá 423 véarsa sa téacs, agus iad roinnte i sé chaibidil is fiche de réir téamaí. De ghnáth bíonn na véarsaí neamhspleách ar a chéile, ach uaireanta ní foláir roinnt véarsaí a léamh le chéile chun ciall a bhaint astu, agus cuirtear na véarsaí seo le chéile san aistriúchán seo. Ní hannamh a bhíonn athrá sa Dhammapada, agus véarsa nó leathvéarsa á úsáid níos mó ná uair amháin sa téacs.

Ní fios go beacht cathain a scríobhadh an Dhammapada, ach is dóichí gur sa tríú haois RCR a bailíodh na véarsaí le chéile den chéad uair. Traidisiún béil a bhí ann ar dtús, agus is féidir go dtéann cuid de na véarsaí siar go ré an Bhúda féin. Ach ceaptar gur cumadh roinnt véarsaí níos déanaí ná sin. Tá sé thar ár gcumas sa lá atá inniu ann a dhéanamh amach cé acu na véarsaí a d'fhógair an Búda féin, nó ar fhógair sé véarsa ar bith de in aon chor. Ach dar le traidisiún an Bhúdachais, tá fiúntas an téacs le fáil sa ghaois a fhaightear ann seachas i stair an téacs féin, agus ní mór an tsuim a chuireann Búdaithe sa cheist.

An Modh Aistrithe

Deirtear go gcaithfidh an t-aistritheoir sárchumas a bheith aige i dhá theanga chun aistriúchán rathúil a dhéanamh. Is i bPáilis, teanga ársa Indiach a bhfuil gaol gairid aici leis an Sanscrait, atá an Dhammapada. Is fada a bhí leisce orm tabhairt faoina aistriú, ós rud é nach bhfuil Páilis ar mo thoil agam, ná fiú breac-Pháilis, gan trácht ar "sárchumas". Ach rith sé liom sa deireadh gur gníomh in aisce a bheadh ann bheith ag feitheamh le duine a bhfuil sárchumas i nGaeilge agus i bPáilis araon aige chun an saothar a chur i gcrích.

Ghlacas misneach sa deireadh nuair a tháinig mé ar théacs dátheangach a chuir The Digital Library & Museum of Buddhist Studies (DLMBS) ag National Taiwan University ar fáil.[7] Áis iontach is ea an téacs dátheangach seo, dírithe go príomha ar fhoghlaimeoirí na Páilise, a thugann an buntéacs, aistriúchán litriúil go Béarla, agus cur síos mionsonraithe ar chomhréir agus ar ghramadach an bhuntéacs. Don té a bhfuil foighne aige chuige, is féidir dlúth agus inneach an bhuntéacs a dhéanamh amach go hiomlán—ní gan dua, dar ndóigh, ach i slí a chuir ina luí orm gurbh fhéidir liom tabhairt faoin tionscadal. Anuas air sin, tá neart aistriúchán eile le fáil i mBéarla, agus ba mhór an chabhair iad a chur i gcomparáid lena chéile agus leis an mbuntéacs. Tá sé cinn de leaganacha difriúla ceadaithe agam agus mé i mbun na hoibre seo, ó na scoláirí seo a leanas: an tUrramach Nārada Thera, an tUrramach Ācharya Buddharakkhita, an tUrramach Thanissaro

7 http://buddhism.lib.ntu.edu.tw/BDLM/en/lesson/pali/lesson_pali3.htm

Bhikkhu, an tUrramach Varado Bhikkhu, an tUasal Friedrich Max Müller, agus an t-aistriúchán litriúil a chuir an DLMBS ar fáil. Ba mhór an tsaoráid dom go bhfuil na haistriúcháin go léir le fáil le chéile, mar aon leis an mbuntéacs Páilise, in aon leathanach amháin![8]

Déarfainn mar sin go ndearna mé an t-aistriúchán seo den Dhammapada ó Bhéarla go Gaeilge, ach go raibh súil ghéar agam riamh ar an leagan Páilise. Uaireanta ní raibh na leaganacha Béarla go léir ag teacht le chéile (go háirithe na leaganacha is sine—déarfainn go bhfuil cuid de na haistriúcháin nua níos cruinne), agus sa chás sin bhí orm rogha a dhéanamh. Sna cásanna sin ba ghnách liom filleadh ar an mbuntéacs Páilise, ach riamh thugas tús áite do chiall an véarsa, chomh fada is a thuigeas é, agus do shoiléireacht an aistriúcháin.

Cé gur teanga Ind-Eorpach í an Pháilis, cosúil leis an nGaeilge, tá stíl an-difriúil aici, agus ba léir nach féidir comhréir an bhuntéacs a leanúint gan an Ghaeilge a chur as a riocht. Má éirigh liom san iarracht, áfach, chuir an Pháilis srian éigin leis an ngnás a bhíonn riamh ann inniu dul an Bhéarla a chur ar an nGaeilge. Is faoin léitheoir a mheas cé chomh fada is a d'éirigh liom.

Fadhb níos deacra a réiteach is ea fadhb na dtéarmaí. Cé gur téacs neamhtheicniúil é an Dhammapada, baineann sé úsáid as roinnt sain-téarmaí nár aistríodh go Gaeilge roimhe seo, go bhfios dom—téarmaí nach bhfuil na haistritheoirí Béarla ar aon intinn fúthu fiú. Mar shampla, cuir i gcás an focal "*dukkha*", atá luaite agam cheana. Tugann an Coiste Téarmaíochta "léan" mar aistriúchán air seo, ina leaganacha de na ceithre fhírinne thriathacha. Is minic a thugtar "suffering" air i mBéarla. Ach tá brí i bhfad níos leithne ag *dukkha*—buairt, imní, míshástacht, ⁊rl. Bíonn sé de nós ag cuid de na haistritheoirí Béarla an focal a fhágáil gan aistriú—nós inmholta, ach a chuireann cuma choimhthíoch ar an téacs, dar liom. Sa deireadh bheartaíos ar "léan" a úsáid, ach fonóta a chur leis chun leithne na brí a léiriú don léitheoir.

Ní mó ná sásta a bhí mé le "machnamh" ach oiread. Má dhéanann tú machnamh ar rud i nGaeilge, níl aon rud as an ngnáth á dhéanamh agat. Ach i gcomhthéacs Búdaíoch tugann "machnamh" le fios go bhfuil sain-chleachtais rinnfheithimh faoi leith á ndéanamh. Téarma teicniúil is ea é, agus uaireanta déantar idirdhealú idir saghsanna éagsúla machnaimh. Ach "machnamh", nó "machnamh a dhéanamh" atá air i nGaeilge an lae inniu, d'ainneoin na débhríochta a bhraithim iontu siúd, agus is é "machnamh" a d'úsáid mé féin sa deireadh.

8 https://nanda.online-dhamma.net/tipitaka/sutta/khuddaka/dhammapada/dhp-contrast-reading/dhp-contrast-reading-en-full/

Tá contúirt ar leith ag baint le focail ar nós "neamh", "ifreann", "dia", agus "anam", a bhfuil fochialla láidre acu i gcultúr Críostaí. Tá caint faoi dhéithe sna téacsanna Búdaíocha—neacha fadsaolacha cumhachtacha—ach shéan an Búda gur chruthaigh aon dia an ollchruinne féin, agus shéan sé amach is amach go raibh an bheatha shíoraí ann ar aon nós. Glactar leis go bhfuil neamha éagsúla ann, agus ifrinn éagsúla freisin, ach ní fhanann aon neach go deo iontu. Ní hé cuspóir an Bhúdaí bheith athbheirthe ar neamh, ach éalú ón bpróiseas athbhreithe ar fad. Ach ní chuireann aon fhocail eile i nGaeilge na coincheapa i iúl chomh maith is a chuireann "neamh", "dia", ⁊rl. Ar an gcuma chéanna bhain mé úsáid as "léibheann" mar aistriúchán ar an bhfocal Páilise *gocara*—sféar spioradálta a bhaintear amach mar thoradh ar chleachtais mhachnaimh—cé go raibh cathú áirithe orm aistriúchán litriúil a dhéanamh den Pháilis agus "féarach" a thabhairt air. D'ainneoin gur thaithin an íomhá liom go mbeadh an Búda "ar féarach sa limistéar gan teorainn", agus é i mbun dianmhachnaimh—íomhá a bheadh dílis don bhuntéacs—mheasas sa deireadh nár mhaith an mhaise dhom Saoi na Sakya a chur i gcomparáid le bó!

Mar fhocal scoir níor mhiste liom cosúlacht amháin idir an Ghaeilge agus an Pháilis a lua, a chuir gliondar faoi leith orm. Is mó péirí focal atá i nGaeilge a bhfuil a mhalairt de bhrí acu, ar nós "sonas" agus "donas", "sothuigthe" agus "dothuigthe", nó "sochar" agus "dochar". Tá an nós céanna sa Pháilis, i bpéirí focal mar "*sukkha*" (sonas) agus "*dukkha*" (pian, míshástacht). Ní fheadar an comhtharlú é seo nó an dtéann an chodarsnacht idir "so-" agus "do-" siar don ré anallód nuair nach raibh ann ach an Ind-Eorpais ar tháinig an dá theanga aisti. Ach ghlacas le péirí mar seo mar sheanchairde, a chuir i gcuimhne dhom a bhfuil i gcoiteann againn go léir, thar na mílte agus thar na blianta.

Ba mhaith liom buíochas a ghabháil le roinnt daoine a thug tacaíocht agus cabhair dom, agus mé i mbun an tsaothair seo. Thug Maidhc Ó Ceallaigh spreagadh dom ag tús na hoibre, agus is eisean a chéadléigh é agus a mhol dom leanúint ar aghaidh. Táim buíoch d'Fhoilseacháin Ábhair Spioradálta a chuir an maoiniú ar fáil don duais de chuid an Oireachtais a bronnadh ar m'aistriúchán, agus d'Fhrainc Mac Brádaigh go háirithe. Chuir an t-aitheantas a bhronn breithimh anaithnide an Oireachtais ar an saothar gliondar ar mo chroí, agus gabhaim buíochas leo agus le lucht an Oireachtais go léir. Ba é Gabriel Rosenstock a chuir i dteagmháil mé le Michael Everson agus a chomhlacht Evertype. Gan iad ní bheadh ann don eagrán dátheangach seo. Bhí Michael Everson díograiseach uaillmhianach riamh, agus is fearrde an leabhar seo.

Scott Oser

Vancouver, Mí na Nollag 2019

Sanscrait agus Páilis

Is teangacha Ind-Eorpacha iad an tSanscrait agus an Pháilis, a bhfuil gaol acu leis an nGaeilge. Tá foireann fuaimeanna i gcoiteann acu atá difriúil ón nGaeilge. Seo cur síos ar na fuaimeanna, ina ngnáthord aibítre.

a	[ɐ]	cosúil leis an litir *a* in *gan*.
ā	[aː]	cosúil leis an litir *á* in *bán*.
i	[ɪ]	cosúil leis an litir *i* in *sinn*.
ī	[iː]	cosúil leis an litir *í* in *sín*.
u	[ʊ]	cosúil leis an litir *u* in *bun*
ū	[uː]	cosúil leis an litir *ú* in *rún*.
ṛ	[ɽɪ]	cosúil leis na litreacha *ri* in *rinne*.
ṝ	[ɽiː]	cosúil leis na litreacha *rí* in *arís*.
ḷ	[lɪ]	cosúil leis na litreacha *li* in *linn*.
ḹ	[liː]	cosúil leis na litreacha *lí*.
e	[eː]	cosúil leis an litir *é*.
ai	[ai]	cosúil leis na litreacha *agh* i *saghas*.
o	[oː]	cosúil leis an litir *ó*.
au	[au]	cosúil leis na litreacha *abh* in *dabht*.
k	[k]	cosúil leis an litir *c* in *scuan*.
kh	[kʰ]	cosúil leis an litir *c* in *cuan*.
g	[g]	cosúil leis an litir *g* in *gan*.
gh	[gʰ]	cosúil leis na litreacha *g fh* in *an bhréag fhéin*.
ṅ	[ŋ]	cosúil leis na litreacha *ng* in *scilling*.
c	[tʃ]	cosúil leis na litreacha *ts* in *meaits*.
ch	[tʃʰ]	cosúil leis na litreacha *ts fh* in *an meaits fhéin*.
j	[dʒ]	cosúil leis an litir *j* in *jab*.
jh	[dʒʰ]	cosúil leis an *j* in *jab* leis an *fh* in *fhéin* ina dhiaidh.
ñ	[ɲ]	cosúil leis an litir *n* in *bainne*.

ṭ	[ʈ]	cosúil leis an litir *t* in *ort*.
ṭh	[ʈʰ]	cosúil leis na litreacha *t fh* in *ort fhéin*.
ḍ	[ɖ]	cosúil leis an litir *d* in *ord*.
ḍh	[ɖʰ]	cosúil leis na litreacha *d fh* in *an t-ord fhéin*.
ṇ	[ɳ]	cosúil leis an litir *n* in *dorn*.
t	[t]	cosúil leis an litir *t* in *stóras*.
th	[tʰ]	cosúil leis an litir *t* in *turas*.
d	[d]	cosúil leis an litir *d* in *bád*.
dh	[dʰ]	cosúil leis na litreacha *d fh* in *an bád fhéin*.
n	[n]	cosúil leis an litir *n* in *dán*.
p	[p]	cosúil leis an litir *p* in *spórt*.
ph	[pʰ]	cosúil leis an litir *p* in *port*.
b	[b]	cosúil leis an litir *b* in *bán*.
bh	[bʰ]	cosúil leis na litreacha *b fh* in *an scuab fhéin*.
m	[m]	cosúil leis an litir *m* in *mór*.
y	[j]	cosúil leis na litreacha *dh* in *dhein*.
r	[r]	cosúil leis an litir *r* in *móra*.
l	[l]	cosúil leis an litir *l* in *mála*.
v	[ʋ]	cosúil leis na litreacha *bh* in *mo bhó*.
ś	[ɕ]	cosúil leis an litir *s* in *scilling*.
ṣ	[ʂ]	cosúil leis an litir *s* in *sin*.
s	[s]	cosúil leis an litir *s* in *sonas*.
h	[ɦ]	cosúil leis na litreacha *sh* in *mo shon*.
ḥ	[h]	cosúil leis na litreacha *th* in *maith*.
ṃ	[◌̃]	cuireann srónaíl ar an nguta ar nós na Fraincise.

An Dhammapada

Sūcipatta

Clár an Ábhair

1
Yamakavaggo

1 Manopubbaṅgamā dhammā, manoseṭṭhā manomayā,
manasā ce– paduṭṭhena bhāsati vā karoti vā,
tato naṁ dukkham-anveti cakkaṁ va vahato padaṁ.

2 Manopubbaṅgamā dhammā, manoseṭṭhā manomayā,
manasā ce pasannena bhāsati vā karoti vā,
tato naṁ sukham-anveti chāyā va anapāyinī.

3 "Akkocchi maṁ, avadhi maṁ, ajini maṁ, ahāsi me",
ye ca taṁ upanayhanti, veraṁ tesaṁ na sammati.

4 "Akkocchi maṁ, avadhi maṁ, ajini maṁ, ahāsi me",
ye taṁ na upanayhanti, veraṁ tesūpasammati.

5 Na hi verena verāni sammantīdha kudācanaṁ,
averena ca sammanti, esa dhammo sanantano.

1
Caibidil na bPéirí

1 Téann an intinn roimh gach ní meabhrach, í ina máistir air,
é cruthaithe aici.
Más le hintinn thruaillithe a labhraíonn duine
nó a dhéanann sé gníomh,
leanann an léan é mar a leanann roth na cairte cos an daimh.

2 Téann an intinn roimh gach ní meabhrach, í ina máistir air,
é cruthaithe aici.
Más le hintinn ghlan a labhraíonn duine nó a dhéanann sé gníomh,
leanann an sonas é mar scáil nach n-imíonn riamh.

3 "Thug sé drochíde dom, bhuail sé mé, bhuaigh sé orm,
ghoid sé uaim."
Don té a chloíonn leis na smaointe seo,
ní mhaolaíonn a chuid fuatha.

4 "Thug sé drochíde dom, bhuail sé mé, bhuaigh sé orm,
ghoid sé uaim."
Don té nach gcloíonn leis na smaointe seo,
maolaíonn a chuid fuatha.

5 Ní mhaolaítear fuath le fuath riamh ar an saol seo.
Is é an cineáltas a mhaolaíonn é—seo an dlí síoraí.

6 Pare ca na vijānanti mayam-ettha yamāmase,
ye ca tattha vijānanti tato sammanti medhagā.

7 Subhānupassiṁ viharantaṁ, indriyesu asaṁvutaṁ,
bhojanamhi amattaññuṁ, kusītaṁ hīnavīriyaṁ—
taṁ ve pasahati Māro vāto rukkhaṁ va dubbalaṁ.

8 Asubhānupassiṁ viharantaṁ, indriyesu susaṁvutaṁ,
bhojanamhi ca mattaññuṁ, saddhaṁ āraddhavīriyaṁ—
taṁ ve nappasahati Māro vāto selaṁ va pabbataṁ.

9 Anikkasāvo kāsāvaṁ yo vatthaṁ paridahessati,
apeto damasaccena na so kāsāvam-arahati.

10 Yo ca vantakasāvassa, sīlesu susamāhito,
upeto damasaccena sa ve kāsāvam-arahati.

11 Asāre sāramatino, sāre cāsāradassino,
te sāraṁ nādhigacchanti, micchāsaṅkappagocarā.

12 Sārañ-ca sārato ñatvā, asārañ-ca asārato,
te sāraṁ adhigacchanti, sammāsaṅkappagocarā.

13 Yathā agāraṁ ducchannaṁ vuṭṭhī samativijjhati,
evaṁ abhāvitaṁ cittaṁ rāgo samativijjhati.

6 Ní thuigeann daoine eile gur chóir srian a chur linn féin abhus.
Dóibh siúd a thuigeann é sin, maolaítear a gcuid achrann
dá bharr.

7 An té a chaitheann a shaol ag meabhrú nithe taitneamhacha,
gan a chéadfaí faoi shrian,
nach eol dó measarthacht bia, is atá leisciúil gan bhrí—
treascróidh Māra[1] é, mar a threascraíonn an ghaoth crann lag.

8 An té nach gcaitheann a shaol ag meabhrú nithe taitneamhacha,
a bhfuil a chéadfaí go maith faoi shrian,
arb eol dó measarthacht bia, is atá lán le muinín agus le brí—
ní threascróidh Māra é, ar nós na gaoithe in éadan sléibhe
chreagaigh.

9 An té nach bhfuil gan truailliú ach a chaitheann an róba buí
gan ghuaim gan fírinne: níl an róba buí tuillte aige.

10 Agus an té a chaitheann uaidh an truailliú, atá áitithe sna suáilcí,
a bhfuil guaim agus fírinne go maith aige: tá róba buí tuillte aige.

11 Má cheapann daoine smior an scéil a bheith gan tábhacht,
ach an smior a bheith i rudaí gan tábhacht,
ansin, agus iad i mbun smaointe míchearta,
ní thagann siad ar an smior.

12 Má aithníonn daoine smior an scéil thar na rudaí gan tábhacht,
ansin, agus iad i mbun smaointe cearta, tagann siad ar an smior.

13 Faoi mar a théann an bháisteach trí theach droch-chlúdaithe,
mar sin téann ainmhian trí intinn neamhfhorbartha.

14 Yathā agāraṁ succhannaṁ vuṭṭhī na samativijjhati,
evaṁ subhāvitaṁ cittaṁ rāgo na samativijjhati.

15 Idha socati, pecca socati,
pāpakārī ubhayattha socati,
so socati, so vihaññati,
disvā kammakiliṭṭham-attano.

16 Idha modati, pecca modati,
katapuñño ubhayattha modati,
so modati, so pamodati,
disvā kammavisuddhim-attano.

17 Idha tappati, pecca tappati,
pāpakārī ubhayattha tappati,
"Pāpaṁ mĕ katan"-ti tappati,
bhiyyo tappati duggatiṁ gato.

18 Idha nandati, pecca nandati,
katapuñño ubhayattha nandati,
"Puññaṁ mĕ katan"-ti nandati,
bhiyyo nandati suggatiṁ gato.

19 Bahum-pi ce sahitaṁ bhāsamāno,
na takkaro hoti naro pamatto,
gopo va gāvo gaṇayaṁ paresaṁ,
na bhāgavā sāmaññassa hoti.

14 Faoi mar nach dtéann an bháisteach trí theach deachlúdaithe,
mar sin ní théann ainmhian trí intinn dhea-fhorbartha.

15 Tá sé faoi bhuairt abhus, tá sé faoi bhuairt tar éis a bháis,
sa dá chás tá an t-ainbheartach faoi bhuairt.
Tá sé faoi bhuairt, tá sé croíbhriste,
agus a chuid drochghníomh feicthe aige.

16 Tá gliondar air abhus, tá gliondar air tar éis a bháis,
sa dá chás tá gliondar ar fhear déanta na maithe.
Tá gliondar air, tá an-ghliondar air,
agus a chuid dea-ghníomh feicthe aige.

17 Tá sé céasta anseo, tá sé céasta tar éis a bháis,
sa dá chás tá an t-ainbheartach céasta,
céasta ag an smaoineamh "Rinne mé an t-olc".
Is mó fós a chéasadh, agus é imithe go saol ainnis.

18 Tá ríméad air anseo, tá ríméad air tar éis a bháis,
sa dá chás tá ríméad ar fhear déanta na maithe,
ríméad leis an smaoineamh "Rinne mé an mhaith".
Is mó fós a ríméad, agus é imithe go saol maith.

19 Fiú má aithrisíonn duine faillitheach neart scrioptúr,
mura ndéanann sé beart de réir a bhriathair
tá sé cosúil le haoire bó ag déanamh comhairimh ar bha daoine eile.
Ní bhíonn sé páirteach i dtorthaí an tsaoil bheannaithe.

20 Appam-pi ce sahitaṁ bhāsamāno,
Dhammassa hoti anudhammacārī,
rāgañ-ca dosañ-ca pahāya mohaṁ,
sammappajāno suvimuttacitto,
anupādiyāno idha vā huraṁ vā,
sa bhāgavā sāmaññassa hoti.

Yamakavaggo Paṭhamo

20 Fiú mura n-aithrisíonn sé ach beagán scrioptúr,
má mhaireann sé de réir an Dharma,[2]
má tá ainmhian, mírún, agus seachrán fágtha ina dhiaidh,
má tá eolas ceart aige, agus a intinn saortha go maith,
mura gcloíonn sé le rud ar bith sa saol seo ná sa saol eile—
ansin bíonn seisean páirteach i dtorthaí an tsaoil bheannaithe.

Caibidil na bPéirí, an Chéad Cheann

2

Appamādavaggo

21 Appamādo amatapadaṁ, pamādo maccuno padaṁ,
appamattā na mīyanti, ye pamattā yathā matā.

22 Etaṁ visesato ñatvā appamādamhi paṇḍitā,
appamāde pamodanti, Ariyānaṁ gocare ratā.

23 Te jhāyino sātatikā, niccaṁ daḷhaparakkamā,
phusanti dhīrā Nibbānaṁ, yogakkhemaṁ anuttaraṁ.

24 Uṭṭhānavato satīmato
sucikammassa nisammakārino,
saññatassa ca Dhammajīvino
appamattassa yasobhivaḍḍhati.

25 Uṭṭhānen' appamādena saṁyamena damena ca,
dīpaṁ kayirātha medhāvī yaṁ ogho nābhikīrati.

26 Pamādam-anuyuñjanti bālā dummedhino janā,
appamādañ-ca medhāvī dhanaṁ seṭṭhaṁ va rakkhati.

2

An Chaibidil faoin Dícheallacht

21 Is í an dícheallacht slí na neamhbhásmhaireachta.
Is í an fhaillitheacht slí an bháis.
Ní fhaigheann na dícheallaigh bás.
Tá na faillithigh amhail is atá siad marbh.

22 Nuair a bhíonn léirthuiscint ag na saoithe ar an dícheallacht,
cuireann an dícheallacht an-ghliondar ar a gcroí,
agus déanann siad aoibhneas i léibheann na nUaisle.

23 Má leanann eagnaithe de mhachnamh a dhéanamh,
le tréaniarracht go seasta,
déanann siad teagmháil le Nirbheána,
an dídean is fearr ón ngéibheann.

24 Is i méid a théann cáil an té atá fuinniúil,
meabhrach, is dícheallach,
a bhfuil a ghníomhartha glan tuisceanach, a bhfuil guaim air féin,
is a mhaireann de réir an Dharma.

25 Le fuinneamh, dícheallacht, guaim agus measarthacht,
ba chóir don saoi oileán a dhéanamh nach mbáfaidh aon tuile.

26 Bíonn na hamadáin, na hainbhiosaigh, tugtha don fhaillitheacht.
Ach caomhnaíonn an saoi an dícheallacht
amhail is dá mba í an tseoid is fearr aige í.

27 Mā pamādam-anuyuñjetha mā kāmaratisanthavaṁ,
appamatto hi jhāyanto pappoti vipulaṁ sukhaṁ.

28 Pamādaṁ appamādena yadā nudati paṇḍito,
paññāpāsādam-āruyha, asoko sokiniṁ pajaṁ,
pabbataṭṭho va bhummaṭṭhe dhīro bāle avekkhati.

29 Appamatto pamattesu, suttesu bahujāgaro,
abalassaṁ va sīghasso hitvā, yāti sumedhaso.

30 Appamādena Maghavā devānaṁ seṭṭhataṁ gato,
appamādaṁ pasaṁsanti, pamādo garahito sadā.

31 Appamādarato bhikkhu, pamāde bhayadassivā,
saṁyojanaṁ aṇuṁ-thūlaṁ ḍahaṁ aggīva gacchati.

32 Appamādarato bhikkhu, pamāde bhayadassivā,
abhabbo parihānāya: Nibbānasseva santike.

Appamādavaggo Dutiyo

27 Ná bígí tugtha don fhaillitheacht agus ná téigí i ndlúthchaidreamh
le pléisiúir na gcéadfaí.
Faigheann an té a dhéanann machnamh go dícheallach
an-suaimhneas.

28 Nuair a chuireann an saoi ruaig ar an bhfaillitheacht
tríd an dícheallacht,
tar éis dó túr na heagna a dhreapadh, féachann an t-eagnaí
gan mhairg seo anuas ar an slua brónach,
mar a fhéachann duine ar an sliabh anuas ar amadáin ar an talamh.

29 Dícheallach i measc na bhfaillitheach, ina lándúiseacht
i measc na gcodlatán,
téann an t-eagnaí ar aghaidh ar nós capaill mhear,
ag fágáil an chapaill mhall ina dhiaidh.

30 Is tríd an dícheallacht a chuaigh Iondra in uachtar
i measc na ndéithe.
Moltar an dícheallacht, is cáintear an fhaillitheacht riamh.

31 Má tá manach tugtha don dícheallacht is eaglach
roimh an bhfaillitheacht,
téann sé ar aghaidh amhail tine, ag dó na laincisí idir bheag
agus mhór.

32 Má tá manach tugtha don dícheallacht is eaglach
roimh an bhfaillitheacht,
ní rachaidh sé ar gcúl—tá sé i gcóngar Nirbheána.

An Chaibidil faoin Dícheallacht, an Dara Ceann

3

Cittavaggo

33 Phandanaṁ capalaṁ cittaṁ, dūrakkhaṁ dunnivārayaṁ,
ujuṁ karoti medhāvī, usukāro va tejanaṁ.

34 Vārijo va thale khitto, oka-m-okata ubbhato,
pariphandatidaṁ cittaṁ, Māradheyyaṁ pahātave.

35 Dunniggahassa lahuno yatthakāmanipātino,
cittassa damatho sādhu, cittaṁ dantaṁ sukhāvahaṁ.

36 Sududdasaṁ sunipuṇaṁ yatthakāmanipātinaṁ,
cittaṁ rakkhetha medhāvī, cittaṁ guttaṁ sukhāvahaṁ.

37 Dūraṅgamaṁ ekacaraṁ, asarīraṁ guhāsayaṁ,
ye cittaṁ saññam-essanti, mokkhanti Mārabandhanā.

3

An Chaibidil faoin Intinn

33 Mar a dhíríonn déantóir saighde saighead,
díríonn an saoi a intinn ghuagach chorrach,
ar deacair í a chosaint ná srian a chur léi.

34 Ar nós iasc atá caite as a ghnáthóg uisciúil anuas ar an talamh tirim,
preabann an intinn, d'fhonn éalú ó ríocht Mhāra.

35 Is maith an rud é an intinn éadrom seo a cheansú,
ar deacair a srianadh, a léimeann de réir a mianta.
Sonas an toradh ar intinn cheansaithe.

36 A shaoithe, ba chóir an intinn fhíneálta seo a chosaint,
ar deacair í a fheiceáil, a léimeann de réir a mianta.
Sonas an toradh ar intinn chosanta.

37 Bíonn an intinn ag fánaíocht thart ina haonar i bhfad i gcéin—
an intinn neamhchorpartha seo atá lonnaithe i gcuas.[3] Saorfar ó
laincis Mhāra iad siúd atá in ann guaim a choinneáil uirthi.

38 Anavaṭṭhitacittassa, Saddhammaṁ avijānato,
pariplavapasādassa, paññā na paripūrati.

39 Anavassutacittassa, ananvāhatacetaso,
puññapāpapahīnassa natthi jāgarato bhayaṁ.

40 Kumbhūpamaṁ kāyam-imaṁ viditvā,
nagarūpamaṁ cittam-idaṁ ṭhapetvā,
yodhetha Māraṁ paññāvudhena,
jitañ-ca rakkhe, anivesano siyā.

41 Aciraṁ vatayaṁ kāyo paṭhaviṁ adhisessati,
chuddho apetaviññāṇo, niratthaṁ va kaliṅgaraṁ.

42 Diso disaṁ yan-taṁ kayirā, verī vā pana verinaṁ—
micchāpaṇihitaṁ cittaṁ pāpiyo naṁ tato kare.

43 Na taṁ mātā pitā kayirā, aññe vā pi ca ñātakā,
sammāpaṇihitaṁ cittaṁ seyyaso naṁ tato kare.

Cittavaggo Tatiyo

38 Ní chun foirfeachta a rachaidh eagna an té a bhfuil
a intinn míshocair,
nach dtuigeann an fíor-Dharma, agus a bhíonn anonn agus anall
lena chreideamh.

39 Ní bhíonn eagla ar an té nach bhfuil a intinn mearaithe
ná ar maos i mianta,
a bhfuil an mhaith agus an t-olc caite uaidh, is atá ina dhúiseacht.

40 Bíodh a fhios agaibh go bhfuil an corp seo cosúil le crúsca,
agus daingnígí an intinn seo ar nós dúin.
Ionsaígí Māra leis an eagna mar uirlis,
Ba cheart ansin bhur mbuachan a chosaint agus bheith
gan cheangal.

41 Faraor! Beidh an corp seo ina luí ar an talamh roimh i bhfad,
caite i dtraipisí, gan aithne gan urlabhra, amhail lomán gan mhaith.

42 Pé rud a dhéanfadh namhaid ar namhaid, nó eascara ar eascara,
is measa a dhéanfadh an intinn atá curtha i bhfeidhm go mícheart.

43 An mhaitheas nach mbeadh máthair, athair,
ná gaolta eile in ann a dhéanamh,
is i bhfad níos fearr ná sin an mhaitheas a dhéanfadh intinn
atá curtha i bhfeidhm i gceart.

An Chaibidil faoin Intinn, an Tríú Ceann

4
Pupphavaggo

44 Kŏ imaṁ paṭhaviṁ vicessati
yamalokañ-ca imaṁ sadevakaṁ?
Ko dhammapadaṁ sudesitaṁ
kusalo puppham-ivappacessati?

45 Sekho paṭhaviṁ vicessati
yamalokañ-ca imaṁ sadevakaṁ.
Sekho dhammapadaṁ sudesitaṁ
kusalo puppham-ivappacessati.

46 Pheṇūpamaṁ kāyam-imaṁ viditvā,
marīcidhammaṁ abhisambudhāno,
chetvāna Mārassa papupphakāni,
adassanaṁ Maccurājassa gacche.

47 Pupphāni heva pacinantaṁ byāsattamanasaṁ naraṁ,
suttaṁ gāmaṁ mahogho va, maccu ādāya gacchati.

48 Pupphāni heva pacinantaṁ byāsattamanasaṁ naraṁ,
atittaṁ yeva kāmesu Antako kurute vasaṁ.

4

Caibidil na mBláthanna

44 Cé a iniúchfaidh an domhan seo,
agus an saol básmhar seo lena dhéithe?
Cé a bhainfidh tuiscint as an véarsa Dh̄arma seo,
atá múinte go maith,
mar a bhaineann an duine oilte bláthanna?

45 Dalta faoi oiliúint is ea an té a iniúchfaidh an domhan seo,
agus an saol básmhar seo lena dhéithe.
Dalta a bhainfidh tuiscint as an véarsa Dh̄arma seo,
atá múinte go maith,
mar a bhaineann an duine oilte bláthanna.

46 Agus a fhios agat go bhfuil an corp seo cosúil le cúr,
agus an tuiscint agat go bhfuil nádúr aislinge ann,
bris saigheada bláthmhaisithe Mhāra,
agus téigh as radharc Rí an Bháis!

47 Crochfaidh an bás chun siúil an té atá gafa i mbláthanna (pléisiúir)
a bhailiú, a bhfuil a intinn i ngreim,
amhail tuile mhór trí shráidbhaile ina chodladh.

48 Cuireann an bás faoi smacht an té atá gafa i mbláthanna a bhailiú,
a bhfuil a intinn i ngreim,
a bhfuil a dhúil i bpléisiúir na gcéadfaí doshásta.

49 Yathā pi bhamaro pupphaṁ vaṇṇagandhaṁ aheṭhayaṁ
paḷeti rasam-ādāya, evaṁ gāme munī care.

50 Na paresaṁ vilomāni, na paresaṁ katākataṁ
attano va avekkheyya, katāni akatāni ca.

51 Yathā pi ruciraṁ pupphaṁ vaṇṇavantaṁ agandhakaṁ,
evaṁ subhāsitā vācā aphalā hoti akubbato.

52 Yathā pi ruciraṁ pupphaṁ vaṇṇavantaṁ sagandhakaṁ,
evaṁ subhāsitā vācā saphalā hoti pakubbato.

53 Yathā pi puppharāsimhā kayirā mālāguṇe bahū,
evaṁ jātena maccena kattabbaṁ kusalaṁ bahuṁ.

54 Na pupphagandho paṭivātam-eti,
na candanaṁ tagaramallikā vā,
satañ-ca gandho paṭivātam-eti,
sabbā disā sappuriso pavāyati.

55 Candanaṁ tagaraṁ vā pi, uppalaṁ atha vassikī,
etesaṁ gandhajātānaṁ sīlagandho anuttaro.

56 Appamatto ayaṁ gandho yāyaṁ tagaracandanī,
yo ca sīlavataṁ gandho vāti devesu uttamo.

49 Go díreach mar a fhágann an bheach an bláth,
gan dochar a dhéanamh ar a bholadh ná ar a dhath,
ach an sú beirthe léi, is mar seo ba chóir don saoi siúl
tríd an sráidbhaile.

50 Níor chóir suntas a thabhairt do dhrochghníomhartha daoine eile
ná dá bhfuil déanta nó gan déanamh acu,
ach dá bhfuil déanta nó gan déanamh agat féin.

51 Díreach cosúil le bláth álainn dathúil gan bholadh,
atá caint dheisbhéalach an duine nach ndéanann beart
de réir a bhriathair.

52 Díreach cosúil le bláth álainn dathúil cumhra,
atá caint dheisbhéalach an duine a dhéanann beart
de réir a bhriathair.

53 Go díreach mar a dhéantar neart bláthfhleasc as carn bláthanna,
ba chóir don té atá básmhar ó bhroinn
neart gníomhartha inmholta a dhéanamh.

54 Ní théann boladh blátha, santail, *tagara*,[4]
ná seasmaine in aghaidh na gaoithe.
Téann boladh na ndea-dhaoine in aghaidh na gaoithe.
Téann boladh na ndea-dhaoine i ngach aon treo.

55 *Tagara*, santal, loiteog, agus seasmain:
sáraíonn boladh na suáilcí na bolaithe seo.

56 Is lag an boladh ó *thagara* agus ó shantal.
Is é scoth na mbolaithe a thagann ón duine suáilceach:
téann an boladh seo fiú i measc na ndéithe.

57 Tesaṁ sampannasīlānaṁ, appamādavihārinaṁ,
sammad-aññāvimuttānaṁ, Māro maggaṁ na vindati.

58⌉ Yathā saṅkāradhānasmiṁ ujjhitasmiṁ mahāpathe
padumaṁ tattha jāyetha, sucigandhaṁ manoramaṁ,

59⌋ evaṁ saṅkārabhūtesu, andhabhūte puthujjane,
atirocati paññāya Sammāsambuddhasāvako.

Pupphavaggo Catuttho

57 Ní aimsíonn Māra conair na ndaoine a bhfuil an-chuid suáilcí acu,
a ghnáthaíonn an dícheallacht, agus atá saortha ag eolas ceart.

58 Go díreach mar a fhásfadh loiteog chumhra aoibhinn
i gcarn bruscair atá caite amach ar an mbóthar mór,

59 mar sin a bhíonn dalta an fhíor-Bhúda lánmhúscailte
ag lonrú go geal le heagna
i measc charn bruscair na ngnáthdhaoine dalla.

Caibidil na mBláthanna, an Ceathrú Ceann

5

Bālavaggo

60 Dīghā jāgarato ratti, dīghaṁ santassa yojanaṁ,
dīgho bālānaṁ saṁsāro Saddhammaṁ avijānataṁ.

61 Carañ-ce nādhigaccheyya seyyaṁ sadisam-attano,
ekacar̲iyaṁ daḷhaṁ kay̲irā: natthi bāle sahāyatā.

62 "Puttā matthi, dhanam-matthi," iti bālo vihaññati,
attā hi attano natthi, kuto puttā, kuto dhanaṁ?

63 Yo bālo maññati bālyaṁ, paṇḍito vāpi tena so,
bālo ca paṇḍitamānī, sa ve bālo ti vuccati.

64 Yāvajīvam-pi ce bālo paṇḍitaṁ pay̲irupāsati,
na so Dhammaṁ vijānāti, dabbī sūparasaṁ yathā.

5
An Chaibidil faoi Amadáin

60 Is fada leis an neamhchodlatach í an oíche.
Is fada leis an tuirseach í an léig.
Is fada leis na hamadáin, nach dtuigeann an fíor-Dħarma, é *samsāra*.[5]

61 Mura bhfaigheann taistealaí compánach atá chomh maith leis féin,
nó níos fearr, siúladh sé leis go diongbháilte ina aonar:
níl aon chomhluadar in amadán.

62 Ceapann an t-amadán go himníoch, "Tá mic agam.
Tá maoin agam."
Níl seilbh aige air féin fiú, gan trácht ar mhic ná ar mhaoin.

63 An t-amadán a aithníonn a chuid amadántaíochta,
tá sé amhail duine cliste sa mhéid sin.
An t-amadán atá bródúil as a chuid clisteachta,
tugtar "amadán" air go deimhin.

64 Fiú má chaitheann amadán a shaol ar fad i gcuideachta saoi
ní thuigfidh sé an Dħarma ach oiread is go mblaiseann an spúnóg
an t-anraith.

65 Muhuttam-api ce viññū paṇḍitaṁ payirupāsati,
khippaṁ Dhammaṁ vijānāti, jivhā sūparasaṁ yathā.

66 Caranti bālā dummedhā amitteneva attanā,
karontā pāpakaṁ kammaṁ, yaṁ hoti kaṭukapphalaṁ.

67 Na taṁ kammaṁ kataṁ sādhu, yaṁ katvā anutappati,
yassa assumukho rodaṁ, vipākaṁ paṭisevati.

68 Tañ-ca kammaṁ kataṁ sādhu, yaṁ katvā nānutappati,
yassa patīto sumano, vipākaṁ paṭisevati.

69 Madhuvā maññati bālo, yāva pāpaṁ na paccati,
yadā ca paccati pāpaṁ, bālo dukkhaṁ nigacchati.

70 Māse māse kusaggena bālo bhuñjetha bhojanaṁ,
na so saṅkhātadhammānaṁ kalaṁ agghati soḷasiṁ.

71 Na hi pāpaṁ kataṁ kammaṁ, sajju khīraṁ va muccati,
ḍahantaṁ bālam-anveti, bhasmacchanno va pāvako.

72 Yāvad-eva anatthāya ñattaṁ bālassa jāyati,
hanti bālassa sukkaṁsaṁ, muddham-assa vipātayaṁ.

65 Má bhíonn duine cliste i gcuideachta saoi ar feadh nóiméid fiú
tuigfidh sé an Dharma go mear, faoi mar a bhlaiseann an teanga
an t-anraith.

66 Iompraíonn na hamadáin dhúra iad féin mar naimhde dóibh féin,
ag déanamh drochghníomhartha, a mbíonn toradh searbh orthu.

67 Ní go maith a rinneadh an gníomh a bhfuil a aithreachas ort,
a dtugann tú aghaidh dheorach ar a thoradh, á chaoineadh.

68 Is maith a rinneadh gníomh nach bhfuil a aithreachas ort,
a dtugann tú aghaidh shona ar a thoradh, agus é chun do shástachta.

69 Fad is nach n-aibíonn an drochghníomh,
samhlaíonn an t-amadán le mil é,
Ach nuair a aibíonn an drochghníomh,
ansin bíonn an t-amadán faoi léan.

70 Fiú dá n-íosfadh duine sciar suarach bia mí i ndiaidh míosa
le bior ribe féir,[6]
níorbh fhiú an séú cuid déag é díobh siúd a thuigeann an Dharma.

71 Ní ar an toirt a bhíonn toradh ar an drochghníomh,
faoi mar nach dtreamhnaíonn bainne ar an toirt.
Leanann an drochghníomh an t-amadán,
ag cnádú amhail tine choigilte.

72 Is chun a aimhleasa ar fad a fhaigheann an t-amadán eolas.
Cuireann an t-eolas ó rath é, agus scoilteann sé a cheann.

73 Asataṁ bhāvanam-iccheyya, purekkhārañ-ca bhikkhusu,
āvāsesu ca issariyaṁ, pūjā parakulesu ca:

74 "Mameva kata' maññantu gihī pabbajitā ubho,
mameva ativasā assu, kiccākiccesu kismici",
iti bālassa saṅkappo, icchā māno ca vaḍḍhati.

75 Aññā hi lābhūpanisā, aññā Nibbānagāminī,
evam-etaṁ abhiññāya bhikkhu Buddhassa sāvako
sakkāraṁ nābhinandeyya, vivekam-anubrūhaye.

Bālavaggo Pañcamo

73 Santaíonn an t-amadán meas gan bhunús, tosaíocht i measc manach,
forlámhas ar mhainistreacha, agus adhradh ó theaghlaigh thuata.

74 "Go gceapa tuataí agus manaigh araon gur mise amháin
a rinne é seo.
Go ndéana siad gach saghas dualgais de réir mo thola."
Is iad seo smaointe an amadáin.
Téann an dúil is an mórtas i méid ann.

75 Bealach amháin is ea bealach na héadála.
Bealach eile a théann go Nirbheána.
Ná bíodh ómós ina údar mór áthais don mhanach, dalta an Bhúda,
a thuigeann go hiomlán é seo, ach ba chóir dó an t-uaigneas
a chleachtadh.

An Chaibidil faoi Amadáin, an Cúigiú Ceann

6

Paṇḍitavaggo

76 Nidhīnaṁ va pavattāraṁ yaṁ passe vajjadassinaṁ,
niggayhavādiṁ medhāviṁ tādisaṁ paṇḍitaṁ bhaje;
tādisaṁ bhajamānassa seyyo hoti na pāpiyo.

77 Ovadeyyānusāseyya, asabbhā ca nivāraye,
sataṁ hi so piyo hoti, asataṁ hoti appiyo.

78 Na bhaje pāpake mitte, na bhaje purisādhame,
bhajetha mitte kalyāṇe, bhajetha purisuttame.

79 Dhammapīti sukhaṁ seti, vippasannena cetasā,
Ariyappavedite Dhamme sadā ramati paṇḍito.

80 Udakaṁ hi nayanti nettikā,
usukārā namayanti tejanaṁ,
dāruṁ namayanti tacchakā,
attānaṁ damayanti paṇḍitā.

81 Selo yathā ekaghano vātena na samīrati,
evaṁ nindāpasaṁsāsu na samiñjanti paṇḍitā.

6

An Chaibidil faoi na Saoithe

76 Má fheiceann sibh saoi, a cháineann a bhfuil le cáineadh, ag taispeáint lochtanna amhail is dá mbeadh sé ag taispeáint seod,
téigí i gcumann lena leithéid de shaoi.
Ní measaide daoibh dul i gcumann lena leithéid, ach is fearrde.

77 Ba chóir dó sibh a chomhairliú, a mhúineadh, agus a choinneáil ar shiúl ón olc.
Is breá le dea-dhaoine é, ach is gránna é leo siúd atá olc.

78 B'fhearr gan dul i gcumann le cairde olca ná le daoine gránna.
Téigí i gcumann le cairde macánta agus le daoine uaisle.

79 Is go sona, le hintinn ghléineach, a mhaireann an té a gcuireann an Dharma ríméad air.
Cuireann an Dharma a d'fhógair na huaisle gliondar riamh ar an saoi.

80 Tugann an t-uisciúchán uisce.
Lúbann an déantóir saighde feac saighde.
Lúbann an siúinéir adhmad.
Ach ceansaíonn an saoi é féin.

81 Dála mar nach mbogann an ghaoth an charraig thiubh,
ní bhaineann cáineadh ná moladh suaitheadh as an saoi.

82 Yathā pi rahado gambhīro vippasanno anāvilo,
evaṁ Dhammāni sutvāna vippasīdanti paṇḍitā.

83 Sabbattha ve sappurisā cajanti,
na kāmakāmā lapayanti santo;
sukhena phuṭṭhā atha vā dukhena,
noccāvacaṁ paṇḍitā dassayanti.

84 Na attahetu na parassa hetu,
na puttam-icche na dhanaṁ na raṭṭhaṁ—
na iccheyya adhammena samiddhim-attano;
sa sīlavā paññavā dhammiko siyā.

85⌉ Appakā te manussesu ye janā pāragāmino,
athāyaṁ itarā pajā tīram-evānudhāvati,

86⌋ ye ca kho sammad-akkhāte Dhamme dhammānuvattino,
te janā pāram-essanti, maccudheyyaṁ suduttaraṁ.

87 Kaṇhaṁ dhammaṁ vippahāya, sukkaṁ bhāvetha paṇḍito,
okā anokaṁ āgamma; viveke yattha dūramaṁ,

88 Tatrābhiratim-iccheyya, hitvā kāme akiñcano,
pariyodapeyya attānaṁ cittaklesehi paṇḍito.

82 Díreach cosúil le loch domhain, atá gléineach neamhchorraithe,
a bhíonn na saoithe a thugtar chun suaimhnis tar éis dóibh
an teagasc a chlos.

83 Éiríonn dea-dhaoine as an uile rud.
Ní bhíonn dea-dhaoine ag glagaireacht le dúil i bpléisiúir.
Ní thaispeánann saoithe gliondar ná gruaim
nuair a bhaineann séan nó léan dóibh.

84 Níor chóir do dhuine mac, rachmas, ná ríocht a shantú,
ar a shon féin ná ar son duine eile.
Níor chóir rath éagórach a shantú.
Is duine suáilceach eagnaí fiúntach é dá bharr.

85⌉ Is beag duine a imíonn sall chun an chladaigh eile.
Ní dhéanann formhór na ndaoine ach siúl le taobh an bhruaigh seo.

86⌋ Iad siúd a iompraíonn iad féin de réir an Dharma léirmhínithe,
rachaidh siad thar ríocht an bháis, ar rí-dheacair a thrasnú.

87 Ba chóir don saoi rudaí dorcha a fhágáil ina dhiaidh
agus rudaí geala a chothú,
nuair a fhágann sé a bhaile chun bheith gan dídean san uaigneas
ar deacair taitneamh a bhaint as.

88 Ba chóir dó sásamh a lorg ansin, gan aon rud aige,
ag fágáil phléisiúir na gcéadfaí ina dhiaidh.
Ba chóir don saoi neamhghlaine a intinne a ghlanadh de féin.

89 Yesaṁ sambodhi-aṅgesu sammā cittaṁ subhāvitaṁ,
ādānapaṭinissagge anupādāya ye ratā,
khīṇāsavā jutimanto, te loke parinibbutā.

Paṇḍitavaggo Chaṭṭho

89 Iad siúd a bhfuil a n-intinn dea-fhorbartha i gceart
le comhábhair na lánmhúscailte,
cuireann séanadh na gceangal ríméad orthu,
agus ní chloíonn siad le rud ar bith.
Tá siad gléigeal, agus gach truailliú bainte díobh.
Tá siad fuascailte ar fad sa saol seo.

An Chaibidil faoi na Saoithe, an Séú Ceann

7

Arahantavaggo

90 Gataddhino visokassa vippamuttassa sabbadhi,
sabbaganthappahīnassa, pariḷāho na vijjati.

91 Uyyuñjanti satīmanto na nikete ramanti te,
haṁsā va pallalaṁ hitvā, okam-okaṁ jahanti te.

92 Yesaṁ sannicayo natthi, ye pariññātabhojanā,
suññato animitto ca vimokkho yesa' gocaro,
ākāse va sakuntānaṁ, gati tesaṁ durannayā

93 Yassāsavā parikkhīṇā, āhāre ca anissito,
suññato animitto ca vimokkho yassa gocaro,
ākāse va sakuntānaṁ, padaṁ tassa durannayaṁ.

7

An Chaibidil faoi na hArhait[7]

90 Níl crá croí ann don té a bhfuil an t-aistear curtha de.
Tá sé gan bhrón, fuascailte go hiomlán,
agus tá gach laincis tréigthe aige.

91 Imíonn daoine meabhracha; ní mór acu tithe.
Fágann siad gach áit chónaithe ina ndiaidh,
amhail géanna ag fágáil an locha.

92 Iad siúd nach mbíonn ag bailiú, a thuigeann bia i gceart,[8]
a bhfuil an Fhuascailt atá folamh agus gan lorg
mar ábhar machnaimh acu:
is deacair a gcúrsa a dhéanamh amach,
amhail cúrsa na n-éan sa spéir.

93 An té a bhfuil na truaillíochtaí scriosta go hiomlán aige,
nach bhfuil a chroí istigh i mbia,
a bhfuil an Fhuascailt atá folamh agus gan lorg
mar ábhar machnaimh aige:
is deacair a chúrsa a dhéanamh amach,
amhail cúrsa na n-éan sa spéir.

94 Yassindriyāni samathaṁ gatāni,
assā yathā sārathinā sudantā,
pahīnamānassa anāsavassa—
devā pi tassa pihayanti tādino.

95 Paṭhavisamo no virujjhati,
indakhīlūpamŏ tādi subbato,
rahado va apetakaddamo—
saṁsārā na bhavanti tādino.

96 Santaṁ tassa manaṁ hoti, santā vācā ca kamma' ca,
sammad-aññāvimuttassa, upasantassa tādino.

97 Assaddho akataññū ca sandhicchedo ca yo naro,
hatāvakāso vantāso, sa ve uttamaporiso.

98 Gāme vā yadi vāraññe, ninne vā yadi vā thale,
yattharahanto viharanti, taṁ bhūmiṁ rāmaṇeyyakaṁ.

99 Ramaṇīyāni araññāni yattha na ramatī jano,
vītarāgā ramissanti, na te kāmagavesino.

Arahantavaggo Sattamo

94 Bíonn na déithe féin in éad leis an té a fhágann mórtas ina dhiaidh
agus atá gan truaillíochtaí,
agus a bhfuil a chéadfaí ciúnaithe,
ar nós capall atá ceansaithe ag ara oilte.

95 Cosúil leis an talamh, ní chuirtear isteach air;
tá sé chomh dochorraithe le gallán mór.
Tá sé cosúil le loch gan láib.
Níl ann don timthriall athbhreithe dá leithéid.

96 Suaimhneach atá a intinn. Suaimhneach atá a chaint agus a ghníomh,
don té atá saortha ag eolas ceart agus atá socair.

97 An té nach bhfuil saonta, a bhfuil taithí aige ar an neamhchruthaithe,[9] a bhfuil na ceangail briste aige,
a bhfuil gach seans athbhreithe scriosta aige,
a bhfuil gach mian caite in aer aige—tá sé ar na daoine is uaisle go deimhin.

98 Sa sráidbhaile, sa choill, sa ghleann, nó ar an gcnoc,
is álainn aon cheantar ina bhfuil Arhait ina gcónaí.

99 Is aoibhinn iad na coillte nach gcuireann gliondar ar an slua.
Is ansin a chuirfear gliondar orthu siúd a bhfuil a n-ainmhianta imithe, mar nach bhfuil siad sa tóir ar phléisiúir na gcéadfaí.

An Chaibidil faoi na hArhait, an Seachtú Ceann

8

Sahassavaggo

100 Sahassam-api ce vācā anatthapadasaṁhitā,
ekaṁ atthapadaṁ seyyo yaṁ sutvā upasammati.

101 Sahassam-api ce gāthā anatthapadasaṁhitā,
ekaṁ gāthāpadaṁ seyyo yaṁ sutvā upasammati.

102 Yo ce gāthāsataṁ bhāse anatthapadasaṁhitā,
ekaṁ Dhammapadaṁ seyyo, yaṁ sutvā upasammati.

103 Yo sahassaṁ sahassena saṅgāme mānuse jine,
ekañ-ca jeyya attānaṁ, sa ve saṅgāmajuttamo.

104⌉ Attā have jitaṁ seyyo yā cāyaṁ itarā pajā,
attadantassa posassa, niccaṁ saññatacārino,

105⌋ neva devo na gandhabbo, na Māro saha Brahmunā,
jitaṁ apajitaṁ kayi̯rā tathārūpassa jantuno.

8

Caibidil na Mílte

100 Níos fearr ná míle focal gan chiall
atá focal ciallmhar amháin a chuireann suaimhneas i nduine
tar éis a chloiste.

101 Níos fearr ná míle véarsa gan chiall
atá focal amháin ó véarsa a chuireann suaimhneas i nduine
tar éis a chloiste.

102 Má deirtear fiú céad véarsa gan chiall,
is fearr véarsa amháin faoin Dħarma, a chuireann suaimhneas
i nduine tar éis a chloiste.

103 Fiú dá mbuafadh duine cath ar na mílte,
is airde fós an bua catha ag an té a bhuann air féin.

104⌉ Is fearr buachan ort féin ná ar dhaoine eile.
Ní fhéadfadh dia ná *gandħarva*[10] ná Māra agus Bráma[11] le chéile

105⌋ díomua a dhéanamh de bhua an duine
a cheansaigh é féin agus a choinníonn guaim air féin i gcónaí.

106 Māse māse sahassena yo yajetha sataṁ samaṁ;
ekañ-ca bhāvitattānaṁ muhuttam-api pūjaye—
sā yeva pūjanā seyyo yañ-ce vassasataṁ hutaṁ.

107 Yo ca vassasataṁ jantu aggiṁ paricare vane;
ekañ-ca bhāvitattānaṁ muhuttam-api pūjaye—
sā yeva pūjanā seyyo yañ-ce vassasataṁ hutaṁ.

108 Yaṁ kiñci yiṭṭhaṁ ca hutaṁ ca loke
saṁvaccharaṁ yajetha puññapekkho,
sabbam-pi taṁ na catubhāgam-eti—
abhivādanā ujjugatesu seyyo.

109 Abhivādanasīlissa niccaṁ vaddhāpacāyino,
cattāro dhammā vaḍḍhanti: āyu vaṇṇo sukhaṁ balaṁ.

110 Yo ca vassasataṁ jīve, dussīlo asamāhito,
ekāhaṁ jīvitaṁ seyyo, sīlavantassa jhāyino.

111 Yo ca vassasataṁ jīve, duppañño asamāhito,
ekāhaṁ jīvitaṁ seyyo, paññavantassa jhāyino.

112 Yo ca vassasataṁ jīve, kusīto hīnavīriyo,
ekāhaṁ jīvitaṁ seyyo, viriyam-ārabhato daḷhaṁ.

113 Yo ca vassasataṁ jīve apassaṁ udayabbayaṁ,
ekāhaṁ jīvitaṁ seyyo passato udayabbayaṁ.

106 Má dhéantar míle íobairt gach mí go ceann céad bliain,
agus má thugtar ómós ar feadh meandair do dhuine
a shaothraíonn é féin,
is fearr an t-ómós sin ná an céad bliain toirbhearta.

107 Má dhéantar tine a adhradh sa choill go ceann céad bliain,
agus má thugtar ómós ar feadh meandair do dhuine
a shaothraíonn é féin,
is fearr an t-ómós sin ná an céad bliain toirbhearta.

108 Cibé íobairt nó toirbhirt sa saol
a thabharfaí i rith bliana d'fhonn luaíochta,
ní fiú an ceathrú cuid í sin dá bhfuil le fáil
ó urraim a thabhairt do na daoine ionraice.

109 Téann ceithre rud i méid don té a thugann urraim do na suáilcigh
agus onóir i gcónaí do sheanóirí: fad saoil, scéimh, sonas, agus neart.

110 Is fearr saol aon lae mar dhuine suáilceach a dhéanann machnamh
ná maireachtáil céad bliain go mímhorálta míshocair.

111 Is fearr saol aon lae mar dhuine eagnaí a dhéanann machnamh
ná maireachtáil céad bliain go díchéillí míshocair.

112 Is fearr saol aon lae mar dhuine a dhéanann tréaniarracht
go bríomhar
ná maireachtáil céad bliain go leisciúil gan bhrí.

113 Is fearr saol aon lae mar dhuine a fheiceann conas a éiríonn rudaí
agus conas a théann siad ar meath
ná maireachtáil céad bliain gan a n-éirí ná a meath a fheiceáil.

114 Yo ca vassasataṁ jīve apassaṁ amataṁ padaṁ,
ekāhaṁ jīvitaṁ seyyo passato amataṁ padaṁ.

115 Yo ca vassasataṁ jīve apassaṁ dhammam-uttamaṁ,
ekāhaṁ jīvitaṁ seyyo passato dhammam-uttamaṁ.

Sahassavaggo Aṭṭhamo

114 Is fearr saol aon lae mar dhuine a fheiceann
an neamhbhásmhaireacht
ná maireachtáil céad bliain gan an neamhbhásmhaireacht
a fheiceáil.

115 Is fearr saol aon lae mar dhuine a fheiceann an dlí is airde
ná maireachtáil céad bliain gan an dlí is airde a fheiceáil.

Caibidil na Mílte, an tOchtú Ceann

9

Pāpavaggo

116 Abhittharetha kalyāṇe, pāpā cittaṁ nivāraye,
dandhaṁ hi karato puññaṁ pāpasmiṁ ramatī mano.

117 Pāpañ-ce puriso kayi̯rā, na taṁ kayi̯rā punappunaṁ,
na tamhi chandaṁ kayi̯rātha, dukkho pāpassa uccayo.

118 Puññañ-ce puriso kayi̯rā, kayi̯rāthetaṁ punappunaṁ,
tamhi chandaṁ kayirātha, sukho puññassa uccayo.

119 Pāpo pi passati bhadraṁ yāva pāpaṁ na paccati,
yadā ca paccati pāpaṁ atha pāpo pāpāni passati.

120 Bhadro pi passati pāpaṁ yāva bhadraṁ na paccati,
yadā ca paccati bhadraṁ atha bhadro bhadrāni passati.

9
An Chaibidil faoin Olc

116 Ba cheart an mhaith a dhéanamh gan mhoill.
Ba cheart an intinn a choinneáil ar shiúl ón olc.
An té a dhéanann moill le dea-ghníomh,
baineann a intinn sásamh as an olc.

117 Má dhéanann duine an t-olc, ná déanadh sé arís is arís é.
Níor cheart dó luí a bheith aige leis sin.
Is pianmhar an rud é an t-olc a charnadh.

118 Má dhéanann duine an mhaith, déanadh sé arís is arís í.
Ba cheart dó luí a bheith aige leis sin.
Is taitneamhach an rud é an mhaith a charnadh.

119 Feiceann an drochdhuine maitheas ina dhrochghníomhartha,
fiú fad is nach n-aibíonn an t-olc.
Nuair a aibíonn an t-olc, feiceann an drochdhuine an t-olc iontu.

120 Feiceann an dea-dhuine olc ina dhea-ghníomhartha, fiú,
fad is nach n-aibíonn an mhaitheas.
Nuair a aibíonn an mhaitheas, feiceann an dea-dhuine
an mhaitheas iontu.

121 Māppamaññetha pāpassa: na maṁ taṁ āgamissati,
udabindunipātena udakumbho pi pūrati,
bālo pūrati pāpassa, thokaṁ thokam-pi ācinaṁ.

122 Māppamaññetha puññassa: na maṁ taṁ āgamissati.
udabindunipātena udakumbho pi pūrati,
dhīro pūrati puññassa, thokathokam-pi ācinaṁ.

123 Vāṇijo va bhayaṁ maggaṁ, appasattho mahaddhano,
visaṁ jīvitukāmo va, pāpāni parivajjaye.

124 Pāṇimhi ce vaṇo nāssa hareyya pāṇinā visaṁ,
nābbaṇaṁ visam-anveti, natthi pāpaṁ akubbato.

125 So appaduṭṭhassa narassa dussati,
suddhassa posassa anaṅgaṇassa,
tam-eva bālaṁ pacceti pāpaṁ,
sukhumo rajo paṭivātaṁ va khitto.

126 Gabbham-eke 'papajjanti, nirayaṁ pāpakammino,
saggaṁ sugatino yanti, parinibbanti anāsavā.

127 Na antalikkhe, na samuddamajjhe,
na pabbatānaṁ vivaraṁ pavissa:
na vijjatī so jagatippadeso
yatthaṭṭhito mucceyya pāpakammā.

121 Ná déanaigí neamhshuim den olc, á rá
"Ní ghabhfaidh sé i mo leith!"
Líonfaidh sileadh braonacha uisce fiú an crúsca.
Líonann an t-amadán é féin leis an olc,
fiú má bhailíonn sé beagán ar bheagán é.

122 Ná déanaigí neamhshuim den mhaitheas, á rá
"Ní ghabhfaidh sé i mo leith!"
Líonfaidh sileadh braonacha uisce fiú an crúsca.
Líonann an t-eagnaí é féin leis an maitheas,
fiú má bhailíonn sé beagán ar bheagán é.

123 Mar a sheachnaíonn an ceannaí an chonair scanrúil,
agus é ag taisteal ina aonar le sparán teann—
mar a sheachnaíonn an duine ar milis leis a bheo an nimh—
ba cheart an t-olc a sheachaint.

124 Is féidir nimh a iompar sa bhos, mura bhfuil cneá inti.
Ní théann an nimh i bhfeidhm ar dhuine gan chneá.
Níl aon olc ann don duine nach ndéanann olc.

125 Má dhéanann duine éagóir ar dhuine atá saor ó thruailliú—
duine atá glanchroíoch agus gan smáil—
titfidh an t-olc ar ais ar a leithéid d'amadán,
amhail deannach mín atá caite in éadan na gaoithe.

126 Tagann daoine áirithe as broinn. Beirtear ainbheartaigh in ifreann.
Téann na fíréin ar neamh. Fuasclaítear ar fad iad siúd
atá gan truaillíochtaí.

127 Ní san aer, ná i lár an aigéin,
ná isteach i bpoll sna sléibhte—
níl ann don áit ina saorfaí duine
ó thorthaí a dhrochghnímh.

128 Na antalikkhe, na samuddamajjhe,
na pabbatānaṁ vivaraṁ pavissa:
na vijjatī so jagatippadeso,
yatthaṭṭhitaṁ nappasahetha maccu.

Pāpavaggo Navamo

128 Ní san aer, ná i lár an aigéin,
ná isteach i bpoll sna sléibhte—
níl ann don áit
nach gcloífeadh an bás thú.

An Chaibidil faoin Olc, an Naoú Ceann

10

Daṇḍavaggo

129 Sabbe tasanti daṇḍassa, sabbe bhāyanti maccuno,
attānaṁ upamaṁ katvā, na haneyya na ghātaye.

130 Sabbe tasanti daṇḍassa, sabbesaṁ jīvitaṁ piyaṁ,
attānaṁ upamaṁ katvā, na haneyya na ghātaye.

131 Sukhakāmāni bhūtāni yo daṇḍena vihiṁsati,
attano sukham-esāno, pecca so na labhate sukhaṁ.

132 Sukhakāmāni bhūtāni yo daṇḍena na hiṁsati,
attano sukham-esāno, pecca so labhate sukhaṁ.

133 Māvoca pharusaṁ kañci, vuttā paṭivadeyyu' taṁ,
dukkhā hi sārambhakathā, paṭidaṇḍā phuseyyu' taṁ.

134 Sace neresi attānaṁ kaṁso upahato yathā,
esa pattosi Nibbānaṁ, sārambho te na vijjati.

10
Caibidil an Bhata

129 Bíonn gach éinne ar crith roimh an mbata.
Bíonn eagla ar gach éinne roimh an mbás.
Agus a dhála sin agatsa, ná déan marú,
agus ná tabhair ar dhaoine eile marú a dhéanamh.

130 Bíonn gach éinne ar crith roimh an mbata.
Is geal le gach éinne a bheatha.
Agus a dhála sin agatsa, ná déan marú,
agus ná tabhair ar dhaoine eile marú a dhéanamh.

131 An té a thugann an bata do neacha a bhfuil sonas uathu,
agus é ag lorg a shonais féin, ní bhfaighidh sé sonas tar éis a bháis.

132 An té nach dtugann an bata do neacha a bhfuil sonas uathu,
agus é ag lorg a shonais féin, gheobhaidh sé sonas tar éis a bháis.

133 Ná habair aon rud gránna. D'fhéadfadh na héisteoirí
thú a fhreagairt.
Bíonn focail feirge pianmhar. B'fhéidir go n-imreofaí díoltas ort.

134 Mura mbaineann aon rud crith asatsa, agus tú cosúil le gang briste,
tá Nirbheána bainte amach agat. Maidir leatsa de,
níl ann don fhearg.

135 Yathā daṇḍena gopālo gāvo pāceti gocaraṁ,
evaṁ jarā ca maccu ca āyuṁ pācenti pāṇinaṁ.

136 Atha pāpāni kammāni karaṁ bālo na bujjhati,
sehi kammehi dummedho aggidaḍḍho va tappati.

137⌉ Yo daṇḍena adaṇḍesu appaduṭṭhesu dussati
dasannam-aññataraṁ ṭhānaṁ khippam-eva nigacchati:

138 vedanaṁ pharusaṁ, jāniṁ, sarīrassa ca bhedanaṁ,
garukaṁ vā pi ābādhaṁ, cittakkhepaṁ va pāpuṇe,

139 rājato vā upassaggaṁ, abbhakkhānaṁ va dāruṇaṁ,
parikkhayaṁ va ñātīnaṁ, bhogānaṁ va pabhaṅguraṁ,

140⌋ atha vāssa agārāni aggi ḍahati pāvako,
kāyassa bhedā duppañño nirayaṁ so upapajjati.

141 Na naggacariyā na jaṭā na paṅkā,
nānāsakā thaṇḍilasāyikā vā,
rājo ca jallaṁ ukkuṭikappadhānaṁ,
sodhenti maccaṁ avitiṇṇakaṅkhaṁ.

142 Alaṅkato ce pi samaṁ careyya,
santo danto niyato brahmacārī,
sabbesu bhūtesu nidhāya daṇḍaṁ,
so brāhmaṇo so samaṇo sa bhikkhu.

135 Go díreach mar a bhagraíonn aoire na ba chun an fhéaraigh le bata,
bagraíonn an tseanaois agus an bás beatha na mbeo.

136 Ní aithníonn an t-amadán na drochghníomhartha a dhéanann sé.
Tá an duine ainbhiosach céasta ag a ghníomhartha féin,
mar a bheadh tine á dhó.

137⌉ Má dhéanann duine éagóir le bata ar dhuine atá saor ó thruailliú
agus gan airm,
tiocfaidh sé gan mhoill go ceann de na deich staid seo:

138 gheobhaidh sé pianta géara, creachadh, gortú coirp,
trombhreoiteacht, nó seachrán céille,

139 trioblóid leis an rí, líomhaintí cruálacha,
cailliúint gaolta, nó scrios maoine.

140⌋ Nó dófaidh craos tine a thithe.
Agus tar éis a bháis athshaolófar an dícheíllí seo in ifreann.

141 Ní bóithreoireacht go lomnocht, ná gruaig chlibíneach,
ná láib a smearadh ar an gcorp,
ná troscadh, ná bheith ina luí ar an talamh lom,
ná staonadh ón bhfolcadh, ná fanacht ina shuí ar a ghogaide:
ní íonghlanfaidh na cleachtaí seo an duine daonna nach bhfuil
an ceann is fearr faighte aige ar amhras.

142 Fiú dá siúlfadh duine thart agus é gléasta go galánta,
ach é a bheith suaimhneach, ceansaithe, faoi smacht,
agus glanchroíoch,
agus an bata leagtha uaidh i leith gach neach beo,
bheadh seisean ina Bhráman,[12] ina dhíthreabhach, ina mhanach.

143 Hirīnisedho puriso koci lokasmi' vijjati,
yo nindaṁ appabodhati, asso bhadro kasām-iva.

144 Asso yathā bhadro kasāniviṭṭho,
ātāpino saṁvegino bhavātha.
Saddhāya sīlena ca vīriyena ca,
samādhinā Dhammavinicchayena ca.
Sampannavijjācaraṇā patissatā,
pahassatha dukkham-idaṁ anappakaṁ.

145 Udakaṁ hi nayanti nettikā,
usukārā namayanti tejanaṁ,
dāruṁ namayanti tacchakā,
attānaṁ damayanti subbatā.

Daṇḍavaggo Dasamo

143 An bhfuil duine ann ar an saol seo, agus a choinsias ag cur srian leis,
a sheachnaíonn náire mar a sheachnaíonn capall maith an fhuip?

144 Bígí ar nós an chapaill mhaith faoi lasc na fuipe—
díograiseach agus gríosaithe.
Fágaigí an léan nach beag seo i bhur ndiaidh go meabhrach,
trí chreideamh, trí shuáilce, trí fhuinneamh,
trí dhíriú intinne, tríd an bhfírinne a fhiosrú,
agus trí eolas agus dea-iompar a bheith agaibh.

145 Tugann an t-uisciúchán uisce.
Lúbann an déantóir saighde feac saighde.
Lúbann an siúinéir adhmad.
Ach ceansaíonn daoine a chleachtann an Dharma iad féin.

Caibidil an Bhata, an Deichiú Ceann

11

Jarāvaggo

146 Ko nu hāso, kim-ānando, niccaṁ pajjalite sati,
andhakārena onaddhā, padīpaṁ na gavesatha?

147 Passa cittakataṁ bimbaṁ, arukāyaṁ samussitaṁ,
āturaṁ bahusaṅkappaṁ, yassa natthi dhuvaṁ ṭhiti.

148 Parijiṇṇam-idaṁ rūpaṁ, roganīḷaṁ pabhaṅguraṁ,
bhijjati pūtisandeho, maraṇantaṁ hi jīvitaṁ.

149 Yānimāni apatthāni alāpūneva sārade
kāpotakāni aṭṭhīni, tāni disvāna kā rati?

150 Aṭṭhīnaṁ nagaraṁ kataṁ,
maṁsalohitalepanaṁ,
yattha jarā ca maccu ca,
māno makkho ca ohito.

11

An Chaibidil faoin tSeanaois

146 Cén gáire? Cad 'na thaobh áthas? Agus gach aon rud
trí thine de shíor!
Agus sibh faoi bhrat an dorchadais, nach lorgaíonn sibh an solas?

147 Féach ar an bpuipéad seo de chorp, cóirithe ag an intinn,
an cnap cneácha seo atá carntha ar a chéile.
Is iomaí rún atá aige, cé go bhfuil sé galrach,
gan seasmhacht ná buaine.

148 Caite atá an corp seo, é leochaileach agus ina nead galar.
Titeann an meall lofa as a chéile. Leoga, is é an bás
críoch na beatha.

149 Na cnámha seo , iad ar liathadh an choilm,
caite i dtraipisí amhail guird san fhómhar:
agus iad feicthe agat, cén gean a bheadh ann?

150 Tá cathair ann atá déanta as cnámha,
smeartha le feoil is fuil.
Istigh inti: seanaois,
bás, mórtas, agus míchlú.

151 Jīranti ve rājarathā sucittā,
atho sarīram-pi jaraṁ upeti,
satañ-ca Dhammo na jaraṁ upeti,
santo have sabbhi pavedayanti.

152 Appassutāyaṁ puriso balivaddo va jīrati,
maṁsāni tassa vaḍḍhanti, paññā tassa na vaḍḍhati.

153⌉ Anekajātisaṁsāraṁ sandhāvissaṁ anibbisaṁ
gahakārakaṁ gavesanto: dukkhā jāti punappunaṁ.

154⌋ Gahakāraka diṭṭhosi! Puna gehaṁ na kāhasi:
sabbā te phāsukā bhaggā, gahakūṭaṁ visaṅkhitaṁ,
visaṅkhāragataṁ cittaṁ, taṇhānaṁ khayam-ajjhagā.

155 Acaritvā brahmacariyaṁ, aladdhā yobbane dhanaṁ,
jiṇṇakoñcā ca jhāyanti khīṇamacche va pallale.

156 Acaritvā brahmacariyaṁ aladdhā yobbane dhanaṁ
senti cāpātikhittā va, purāṇāni anutthunaṁ.

Jarāvaggo Ekādasamo

151 Titeann carbaid bhreátha an rí as a chéile.
Agus téann an corp in aois mar an gcéanna.
Ach ní théann teagasc na ndea-dhaoine in aois.
Fógraíonn dea-dhaoine dá chéile é.

152 Téann an duine gan foghlaim in aois ar nós daimh:
téann a cholainn i méid, ach ní théann a eagna i méid.

153⌉ Is iomaí timthriall athbhreithe ar rith mé tríd,
sa tóir ar an tógálaí tithe,[13]
ach níor aimsigh mé é. Tá léan ag baint le bheith beirthe
arís agus arís eile.

154⌋ A thógálaí tithe, tá tú feicthe anois! Ní thógfaidh tú
an teach seo arís!
Tá an chreatlach briste, agus tá an díon scriosta.
Tá m'intinn díscaoilte, tá deireadh an chíocrais faighte agam.

155 Iad siúd nach bhfuil a mbeatha caite go naofa acu, agus nach
bhfuair rachmas (spioradálta) le linn a n-óige,
bíonn siad ag dúmhachnamh amhail corra réisc i loch gan éisc.

156 Iad siúd nach bhfuil a mbeatha caite go naofa acu, agus nach
bhfuair rachmas (spioradálta) le linn a n-óige,
bíonn siad ina luí amhail boghanna seanchaite, ag caitheamh i
ndiaidh na laethanta a bhí.

An Chaibidil faoin tSeanaois, an tAonú Ceann Déag

12

Attavaggo

157 Attānañ-ce piyaṁ jaññā rakkheyya naṁ surakkhitaṁ,
tiṇṇam-aññataraṁ yāmaṁ paṭijaggeyya paṇḍito.

158 Attānam-eva paṭhamaṁ patirūpe nivesaye,
athaññam-anusāseyya, na kilisseyya paṇḍito.

159 Attānañ-ce tathā kayirā yathaññam-anusāsati,
sudanto vata dametha, attā hi kira duddamo.

160 Attā hi attano nātho, ko hi nātho paro siyā?
Attanā va sudantena nāthaṁ labhati dullabhaṁ.

161 Attanā va kataṁ pāpaṁ, attajaṁ attasambhavaṁ,
abhimatthati dummedhaṁ vajiraṁ vasmamayaṁ maṇiṁ.

162. Yassa accantadussīlyaṁ māluvā Sālam-ivotataṁ
karoti so tathattānaṁ yathā naṁ icchatī diso.

12

Caibidil an Fhéin[14]

157 Má tá an-chion ag duine air féin, cosnaíodh sé é féin go maith.
Ba cheart don saoi a bheith airdeallach in aon cheann
de thrí fhaire na hoíche.

158 Cuir bun ceart ort féin ar dtús, ansin múin daoine eile.
Dá réir sin ní thiocfaidh smál ar an saoi.

159 Má dhéanann tú féin dála mar a chomhairlíonn tú do dhaoine eile,
is féidir leat, agus tú ag coinneáil srian ort féin, srian a chur
le daoine eile. Leoga, is deacair srian a choinneáil ort féin!

160 Is tusa do chosantóir féin go deimhin.
Cén cosantóir eile a bheadh ann?
Agus guaim mhaith agat ort féin,
gheobhaidh tú cosantóir nach furasta teacht air.

161 Is tú féin a dhéanann an t-olc, is uait féin a eascraíonn sé,
agus is uait féin a thagann sé.
Meileann sé an t-ainbhiosach, go díreach mar a mheileann
an diamant an tseoid chrua.

162. An té a bhfuil a iompar go holc ar fad, amhail féitheach
a thachtann crann seala,
déanann sé olc air féin ar an gcaoi sin dála mar ba mhian
lena namhaid a dhéanamh air.

163 Sukarāni asādhūni, attano ahitāni ca,
yaṁ ve hitañ-ca sādhuñ-ca taṁ ve paramadukkaraṁ.

164 Yo sāsanaṁ arahataṁ Ariyānaṁ Dhammajīvinaṁ
paṭikkosati dummedho diṭṭhiṁ nissāya pāpikaṁ,
phalāni kaṭṭhakasseva attaghaññāya phallati.

165 Attanā va kataṁ pāpaṁ, attanā saṅkilissati,
attanā akataṁ pāpaṁ, attanā va visujjhati,
suddhī asuddhī paccattaṁ, nāñño aññaṁ visodhaye.

166 Atta-d-atthaṁ paratthena bahunā pi na hāpaye;
atta-d-attham-abhiññāya sa-d-atthapasuto siyā.

Attavaggo Dvādasamo

163 Is sodhéanta iad na gníomhartha míchearta a dhéanann dochar
duit féin.
Is dúdheacair iad na gníomhartha inmholta a dhéanann sochar duit.

164 Maidir leis an té a chaitheann dímheas ar theagasc na nArhat,
na nUaisle a mhaireann de réir an Dharma—
an t-amadán, a chuireann muinín i dtuairimí míchearta—
tugtar toradh dó ar nós bambú,[15] á scriosadh féin.

165 Is tú féin a dhéanann an t-olc; is tú féin a chuireann smál ort féin.
Is tú féin a fhágann an t-olc gan déanamh; is tú féin a íonghlanann
thú féin.
Braitheann an ghlaineacht agus an neamhghlaineacht ort féin.
Ní féidir le duine duine eile a íonghlanadh.

166 Ná déan faillí i do leas spioradálta féin ar son leas duine eile,
dá mhéad é.
Agus do leas féin tuigthe go hiomlán agat, bí leagtha ar an bhfíorleas.

Caibidil an Fhéin, an Dara Ceann Déag

13
Lokavaggo

167 Hīnaṁ dhammaṁ na seveyya, pamādena na saṁvase,
micchādiṭṭhiṁ na seveyya, na siyā lokavaḍḍhano.

168 Uttiṭṭhe nappamajjeyya, Dhammaṁ sucaritaṁ care,
Dhammacārī sukhaṁ seti asmiṁ loke paramhi ca.

169 Dhammaṁ care sucaritaṁ, na naṁ duccaritaṁ care,
Dhammacārī sukhaṁ seti asmiṁ loke paramhi ca.

170 Yathā bubbulakaṁ passe, yathā passe marīcikaṁ,
evaṁ lokaṁ avekkhantaṁ Maccurājā na passati.

171 Etha passathimaṁ lokaṁ cittaṁ rājarathūpamaṁ,
yattha bālā visīdanti—natthi saṅgo vijānataṁ.

172 Yo ca pubbe pamajjitvā, pacchā so nappamajjati,
sŏ imaṁ lokaṁ pabhāseti abbhā mutto va candimā.

13
An Chaibidil faoin Saol

167 Ná cleacht bealaí suaracha; ná bíodh baint agat le faillí.
Ná glac le tuairimí míchearta. Ná bíodh luí agat leis an saol.

168 Éirigh! Ná déan faillí! Cleacht an dea-theagasc!
Is go sona a mhaireann an duine a chuireann an fhírinne
i bhfeidhm, sa saol seo agus sa saol eile.

169 Cleacht an dea-theagasc! Ná cleacht an drochtheagasc!
Is go sona a mhaireann an duine a chuireann an fhírinne
i bhfeidhm, sa saol seo agus sa saol eile.

170 Dá bhféachfadh duine ar an saol
mar a fhéachann sé ar bholgán nó ar mhearú súl,
ní fheicfeadh Rí an Bháis é.

171 Tagaigí agus féachaigí ar an saol seo,
atá cosúil le carbad maisithe ríoga.
Titeann an t-amadán in abar ann,
ach ní bhíonn an duine tuisceanach i ngreim aige.

172 An té a dhéanadh faillí tráth ach nach ndéanann faillí a thuilleadh,
caitheann sé solas ar an saol amhail gealach a thagann amach
as scamall.

173 Yassa pāpaṁ kataṁ kammaṁ kusalena pithīyati—
sŏ imaṁ lokaṁ pabhāseti abbhā mutto va candimā.

174 Andhabhūto ayaṁ loko, tanukettha vipassati,
sakunto jālamutto va appo saggāya gacchati.

175 Haṁsādiccapathe yanti, ākāse yanti iddhiyā,
nīyanti dhīrā lokamhā, jetvā Māraṁ savāhanaṁ.

176 Ekaṁ dhammaṁ atītassa, musāvādissa jantuno,
vitiṇṇaparalokassa, natthi pāpaṁ akāriyaṁ.

177 Na ve kadariyā devalokaṁ vajanti,
bālā have nappasaṁsanti dānaṁ,
dhīro ca dānaṁ anumodamāno,
teneva so hoti sukhī parattha.

178 Pathavyā ekarajjena, saggassa gamanena vā,
sabbalokādhipaccena—sotāpattiphalaṁ varaṁ.

Lokavaggo Terasamo

173 An té a chlúdaíonn a chuid drochghníomhartha
le dea-ghníomhartha,
caitheann sé solas ar an saol amhail gealach a thagann amach
as scamall.

174 Dall atá an saol seo. Is beag duine a fheiceann go soiléir anseo.
Is beag duine a théann ar neamh, faoi mar is beag éan a éalaíonn
ó ghaiste.

175 Téann géanna cúrsa na gréine. Taistealaíonn daoine áirithe
tríd an spéir le cumhacht osnádúrtha.
Treoraítear eagnaithe ar shiúl ón saol, tar éis dóibh an bua a fháil
ar Mhāra in éineacht lena arm.

176 Maidir leis an té a thugann éitheach, ag sárú an aon dlí seo—
dlí an ionracais—
agus a shéanann an saol eile: níl aon olc nach féidir leis
a dhéanamh.

177 Go deimhin féin, ní bhaineann an sprionlóir amach saol na ndéithe.
Ní mholann amadáin tabhairt na déirce.
Ach is mór ag an eagnaí tabhairt na déirce.
Beidh sé sona dá bharr san am atá le teacht.

178 Níos fearr ná ardcheannas aonair ar domhan, ná dul ar neamh,
ná tiarnas ar an saol ina iomlán—
níos fearr ná iad seo atá an toradh a thagann as
dul isteach sa sruth.[16]

An Chaibidil faoin Saol, an Tríú Ceann Déag

14
Buddhavaggo

179 Yassa jitaṁ nāvajīyati,
jitaṁ assa no yāti koci loke,
tam-Buddham-anantagocaraṁ,
apadaṁ kena padena nessatha?

180 Yassa jālinī visattikā,
taṇhā natthi kuhiñci netave,
tam-Buddham-anantagocaraṁ,
apadaṁ kena padena nessatha?

181 Ye jhānapasutā dhīrā, nekkhammūpasame ratā,
devā pi tesaṁ pihayanti, Sambuddhānaṁ satīmataṁ.

182 Kiccho manussapaṭilābho, kicchaṁ maccāna' jīvitaṁ,
kicchaṁ Saddhammasavanaṁ, kiccho Buddhānam-uppādo.

183 Sabbapāpassa akaraṇaṁ, kusalassa upasampadā,
sacittapariyodapanaṁ—etaṁ Buddhāna' sāsanaṁ.

14

An Chaibidil faoin mBúda

179 Cén tslí a gcuirfeadh sibh ar strae an Búda, atá gan rian,[17]
agus a bhfuil a léibheann gan teorainn?
Ní féidir le duine ar bith féachaint le bua a fháil air siúd,
nach féidir a bhua a chealú.

180 Cén tslí a gcuirfeadh sibh ar strae an Búda, atá gan rian,
agus a bhfuil a léibheann gan teorainn?
Níl andúil phaintéarach ná cíocras ar bith ann
a thabharfadh chun siúil é.

181 Bíonn fiú na déithe in éad
leis na heagnaithe lánmhúscailte meabhracha,
a gcuireann féindiúltú agus suaimhneas gliondar orthu,
is atá leagtha ar mhachnamh a dhéanamh.

182 Is deacair breith dhaonna a fháil; is deacair beatha an daonnaí.
Is annamh éisteacht leis an bhfíor-Dharma;
is annamh teacht na mBúdaí ar an bhfód.

183 Gan drochghníomh ar bith a dhéanamh,
na dea-ghníomhartha a bhailiú,
d'intinn féin a íonghlanadh: is é seo teagasc na mBúdaí.

184 Khantī paramaṁ tapo titikkhā,
Nibbānaṁ paramaṁ vadanti Buddhā,
na hi pabbajito parūpaghātī,
samaṇo hoti paraṁ viheṭhayanto.

185 Anupavādo anupaghāto, pātimokkhe ca saṁvaro,
mattaññutā ca bhattasmiṁ, pantañ-ca sayanāsanaṁ,
adhicitte ca āyogo—etaṁ Buddhāna' sāsanaṁ.

186⌉ Na kahāpaṇavassena titti kāmesu vijjati,
"Appassādā dukhā kāmā," iti viññāya paṇḍito,

187⌋ api dibbesu kāmesu ratiṁ so nādhigacchati.
Taṇhakkhayarato hoti Sammāsambuddhasāvako.

188⌉ Bahuṁ ve saraṇaṁ yanti pabbatāni vanāni ca
ārāmarukkhacetyāni, manussā bhayatajjitā.

189⌋ Netaṁ kho saraṇaṁ khemaṁ, netaṁ saraṇam-uttamaṁ,
netaṁ saraṇam-āgamma sabbadukkhā pamuccati.

190⌉ Yo ca Buddhañ-ca Dhammañ-ca Saṅghañ-ca saraṇaṁ gato,
cattāri ariyasaccāni sammappaññāya passati:

191 Dukkhaṁ dukkhasamuppādaṁ dukkhassa ca atikkamaṁ,
ariyañ-caṭṭhaṅgikaṁ maggaṁ dukkhūpasamagāminaṁ.

184 Is í an fhoighne fhadfhulangach an cleachtadh diantréanach is airde.
Deir na Búdaí nach bhfuil aon rud níos airde ná Nirbheána.
Ní ghortaíonn an manach daoine eile.
Ní díthreabhach é an duine a dhéanann díobháil do dhaoine eile.

185 Gan lochtú, gan ghortú, guaim a choinneáil ort féin
de réir na bhforaitheanta,
bheith measartha le bia, bheith i do chónaí san iargúltacht,
bheith tiomanta don intinn uasal—is é seo teagasc na mBúdaí.

186⌉ Níl sásamh le fáil i bpléisiúir na gcéadfaí,
fiú dá dtitfeadh cith boinn airgid ón spéir.

187⌋ Is beag an sásamh a thugann pléisiúir na gcéadfaí—
os a choinne sin, baineann léan leo.
Agus é seo tuigthe aige, ní bhíonn dúil ag an saoi fiú i bpléisiúir
neamhaí. Bíonn dalta an fhíor-Bhúda lánmhúscailte tiomanta
do léirscrios an chíocrais.

188⌉ Is iomaí áit a dtéann daoine ar thearmann le teann eagla:
sléibhte, coillte, gairdíní, crainn, agus scrínte.

189⌋ Níl an tearmann sin sábháilte. Ní hé sin an tearmann as cuimse.
Níl duine saor ó gach léan tar éis teacht dá leithéid de thearmann.

190⌉ Feiceann an duine a théann ar thearmann an Bhúda, an Dḣarma,
agus an tSaṅgḣa[18] na ceithre fhírinne thriathacha le fíoreagna:

191 an léan,[19] bunúdar an léin, sárú an léin,
agus conair na n-ocht rian, a thugann ceansú an léin.

192⌋ Etaṁ kho saraṇaṁ khemaṁ, etaṁ saraṇam-uttamaṁ,
etaṁ saraṇam-āgamma sabbadukkhā pamuccati.

193 Dullabho purisājañño, na so sabbattha jāyati,
yattha so jāyate dhīro, taṁ kulaṁ sukham-edhati.

194 Sukho Buddhānam-uppādo, sukhā Saddhammadesanā,
sukhā Saṅghassa sāmaggī, samaggānaṁ tapo sukho.

195⌉ Pūjārahe pūjayato, Buddhe yadi va sāvake,
papañcasamatikkante, tiṇṇasokapariddave;

196⌋ te tādise pūjayato, nibbute akutobhaye,
na sakkā puññaṁ saṅkhātuṁ, imettam-api kenaci.

Buddhavaggo Cuddasamo

192⌋ Tá an tearmann seo sábháilte. Is é seo an tearmann as cuimse.
Bíonn duine saor ó gach léan tar éis teacht dá leithéid de thearmann.

193 Is annamh a thagtar ar dhuine den scoth.
Ní i ngach áit a bheirtear é.
Bíonn sonas agus séan ar an gclann
mar a mbeirtear a leithéid d'eagnaí.

194 Is sona í breith na mBúdaí. Is sona é teagasc an fhíor-Dharma.
Is sona í aontacht an tSaṅgha. Is sona é cleachtadh spioradálta
na gcomhaontaithe.

195⌉ Níl áireamh ar luaíocht an té a thugann ómós dóibh siúd
a bhfuil ómós ag dul dóibh—an Búda agus a dhaltaí,

196⌋ atá imithe thar gach constaic spioradálta, brón, agus buairt—
daoine mar seo atá fuascailte gan údar eagla!

An Chaibidil faoi mBúda, an Ceathrú Ceann Déag

15

Sukhavaggo

197 Susukhaṁ vata jīvāma verinesu averino,
verinesu manussesu viharāma averino.

198 Susukhaṁ vata jīvāma āturesu anāturā,
āturesu manussesu viharāma anāturā.

199 Susukhaṁ vata jīvāma ussukesu anussukā
ussukesu manussesu viharāma anussukā.

200 Susukhaṁ vata jīvāma yesaṁ no natthi kiñcanaṁ,
pītibhakkhā bhavissāma devā Ābhassarā yathā.

201 Jayaṁ veraṁ pasavati, dukkhaṁ seti parājito,
upasanto sukhaṁ seti, hitvā jayaparājayaṁ.

202 Natthi rāgasamo aggi, natthi dosasamo kali,
natthi khandhasamā dukkhā, natthi santiparaṁ sukhaṁ.

15
An Chaibidil faoin Sonas

197 Is go sona ar fad a mhairimidne gan fuath, i measc na ndaoine le fuath.
I measc na ndaoine le fuath, fanaimid gan fuath.

198 Is go sona ar fad a mhairimidne inár sláinte, i measc na mbreoite.
I measc na ndaoine breoite, fanaimid inár sláinte.

199 Is go sona ar fad a mhairimidne gan saint, i measc na santach.
I measc na ndaoine santacha, fanaimid gan saint.

200 Is go sona ar fad a mhairimidne, nach bhfuil faic againn.
Beimid cothaithe ar an áthas, ar nós na ndéithe lonracha.

201 Gineann bua fuath. Fulaingíonn an duine cloíte pian.
Maireann an duine socair go sona,
agus bua agus díomua fágtha ina dhiaidh.

202 Níl aon tine inchurtha leis an ainmhian.
Níl aon mhíghníomh inchurtha leis an mírún.
Níl aon léan inchurtha leis na bailiúcháin bheithsine.[20]
Níl aon sonas níos airde ná an suaimhneas.

203 Jighacchā paramā rogā, saṅkhāraparamā dukhā,
etaṁ ñatvā yathābhūtaṁ, Nibbānaṁ paramaṁ sukhaṁ.

204 Ārogyaparamā lābhā, santuṭṭhi paramaṁ dhanaṁ,
vissāsā paramā ñāti, Nibbānaṁ paramaṁ sukhaṁ.

205 Pavivekarasaṁ pitvā, rasaṁ upasamassa ca,
niddaro hoti nippāpo, Dhammapītirasaṁ pivaṁ.

206 Sāhu dassanam-ariyānaṁ, sannivāso sadā sukho,
adassanena bālānaṁ niccam-eva sukhī siyā.

207 Bālasaṅgatacārī hi dīgham-addhāna' socati,
dukkho bālehi saṁvāso amitteneva sabbadā,
dhīro ca sukhasaṁvāso ñātīnaṁ va samāgamo.

Tasmā hi,
208 dhīrañ-ca paññañ-ca bahussutañ-ca,
dhorayhasīlaṁ vatavantam-ariyaṁ—
taṁ tādisaṁ sappurisaṁ sumedhaṁ
bhajetha nakkhattapathaṁ va candimā.

Sukhavaggo Paṇṇarasamo

203 Is é an t-ocras an galar is measa.
Is iad na rudaí riochtaithe[21] an léan is measa.
Don té a thuigeann gurb amhlaidh atá an scéal,
is é Nirbheána an sonas is airde.

204 Is í an tsláinte scoth na sochar. Is í an tsástacht scoth na maoine.
Is iad na daoine iontaofa scoth na ngaolta.
Is é Nirbheána scoth an tsonais.

205 Agus sú an uaignis agus sú an tsuaimhnis ólta agat,
ólann tú sú áthas an Dharma, agus tá tú saor ó eagla is ón olc
dá bharr.

206 Is maith an rud é na hUaisle a fheiceáil.
Is deas an rud riamh é bheith ina gcomhluadar.
Mura gcasfaí amadáin ort, bheadh áthas ort go deo.

207 Is fada faoi bhuairt a bhíonn an té a mhaireann i measc amadán.
Bíonn a gcomhluadar pianmhar i gcónaí—
amhail comhluadar namhad.
Bíonn comhluadar an eagnaí go deas,
amhail teacht le chéile le gaolta.

Dá bhrí sin,
208 an t-eagnaí, atá gaoiseach, foghlamtha,
uasal, cráifeach, fadfhulangach:
téigí i gcumann lena leithéid de dea-dhuine uasal cliste,
go díreach mar a théann an ghealach cúrsa na réaltaí.

An Chaibidil faoin Sonas, an Cúigiú Ceann Déag

16

Piyavaggo

209 Ayoge yuñjam-attānaṁ, yogasmiñ-ca ayojayaṁ,
atthaṁ hitvā piyaggāhī, pihetattānuyoginaṁ.

210 Mā piyehi samāgañchī appiyehi kudācanaṁ,
piyānaṁ adassanaṁ dukkhaṁ, appiyānañ-ca dassanaṁ.

211 Tasmā piyaṁ na kayirātha, piyāpāyo hi pāpako.
Ganthā tesaṁ na vijjanti yesaṁ natthi piyāppiyaṁ.

212 Piyato jāyatī soko, piyato jāyatī bhayaṁ,
piyato vippamuttassa natthi soko, kuto bhayaṁ?

213 Pemato jāyatī soko, pemato jāyatī bhayaṁ,
pemato vippamuttassa natthi soko, kuto bhayaṁ?

16

An Chaibidil faoin nGean

209 Tugann sé faoin rud nach ceart a thabhairt faoi.
Ní thugann sé faoin rud ar chóir a thabhairt faoi.
Tá a leas spioradálta féin tréigthe aige.
Bíonn an té atá tugtha don rud a dtugann sé gean air in éad
leis an té a thugann faoina leas féin.

210 Ná ceangail thú féin leo siúd a bhfuil gean agat orthu,
ná riamh leo siúd a bhfuil míghean agat orthu.
Mura bhfeiceann tú iad siúd a bhfuil gean agat orthu,
baineann léan leis sin, agus a dhála sin má fheiceann tú
iad siúd a bhfuil míghean agat orthu.

211 Dá bhrí sin, ná tabhair gean; is olc an rud bheith scartha
uathu siúd dá dtugann tú gean.
Níl aon laincis ar an té nach dtugann gean nó míghean.

212 Tagann brón mar thoradh ar an ngean.
Tagann eagla mar thoradh ar an ngean.
Níl aon bhrón, gan trácht ar eagla, ar an té atá saortha ó ghean.

213 Tagann brón mar thoradh ar an ngrá.
Tagann eagla mar thoradh ar an ngrá.
Níl aon bhrón, gan trácht ar eagla, ar an té atá saortha ó ghrá.

214 Ratiyā jāyatī soko, ratiyā jāyatī bhayaṁ,
ratiyā vippamuttassa natthi soko, kuto bhayaṁ?

215 Kāmato jāyatī soko, kāmato jāyatī bhayaṁ,
kāmato vippamuttassa natthi soko, kuto bhayaṁ?

216 Taṇhāya jāyatī soko, taṇhāya jāyatī bhayaṁ,
taṇhāya vippamuttassa natthi soko, kuto bhayaṁ?

217 Sīladassanasampannaṁ, dhammaṭṭhaṁ saccavedinaṁ,
attano kamma' kubbānaṁ, taṁ jano kurute piyaṁ.

218 Chandajāto anakkhāte, manasā ca phuṭo siyā,
kāmesu ca appaṭibaddhacitto, "uddhaṁsoto" ti vuccati.

219⌉ Cirappavāsiṁ purisaṁ dūrato sotthim-āgataṁ,
ñātimittā suhajjā ca abhinandanti āgataṁ.

220⌋ Tatheva katapuññam-pi asmā lokā paraṁ gataṁ,
puññāni paṭigaṇhanti piyaṁ ñātīva āgataṁ.

Piyavaggo Soḷasamo

214 Tagann brón mar thoradh ar an luiteamas.
Tagann eagla mar thoradh ar an luiteamas.
Níl aon bhrón, gan trácht ar eagla, ar an té atá saortha ó luiteamas.

215 Tagann brón mar thoradh ar an bpléisiúr.
Tagann eagla mar thoradh ar an bpléisiúr.
Níl aon bhrón, gan trácht ar eagla, ar an té atá saortha ó phléisiúr.

216 Tagann brón mar thoradh ar an gcíocras.
Tagann eagla mar thoradh ar an gcíocras.
Níl aon bhrón, gan trácht ar eagla, ar an té atá saortha ó chíocras.

217 Bíonn gean ag an slua ar an té a bhfuil na suáilcí agus léargas aige,
atá daingean sa Dharma, a bhfuil an fhírinne ar eolas aige,
agus a dhéanann a chúram féin.

218 Maidir leis an duine a dtagann fonn an Do-inste air,
a bhfuil a intinn fairsingithe
gan a bheith i ngreim i bpléisiúir na gcéadfaí,
deirtear gur duine é a théann in aghaidh an easa.

219 Is údar mór áthais, do ghaolta, do chompánaigh, agus do chairde,
duine a thagann abhaile slán tar éis dó bheith i bhfad ó bhaile
le fada.

220 Is mar sin a chuireann a dhea-ghníomhartha fáilte roimh dhuine
a ndéanta nuair a théann sé sall don saol eile,
go díreach cosúil leis an bhfáilte a chuireann gaolta
roimh an duine dil a thagann abhaile.

An Chaibidil faoin nGean, an Séú Ceann Déag

17
Kodhavaggo

221 Kodhaṁ jahe, vippajaheyya mānaṁ,
saṁyojanaṁ sabbam-atikkameyya,
taṁ nāmarūpasmiṁ asajjamānaṁ,
akiñcanaṁ nānupatanti dukkhā.

222 Yo ve uppatitaṁ kodhaṁ rathaṁ bhantaṁ va dhāraye,
tam-ahaṁ sārathiṁ brūmi rasmiggāho itaro jano.

223 Akkodhena jine kodhaṁ, asādhuṁ sādhunā jine,
jine kadariyaṁ dānena, saccenālikavādinaṁ.

224 Saccaṁ bhaṇe, na kujjheyya, dajjāppasmim-pi yācito,
etehi tīhi ṭhānehi gacche devāna' santike.

225 Ahiṁsakā ye munayo, niccaṁ kāyena saṁvutā,
te yanti accutaṁ ṭhānaṁ, yattha gantvā na socare.

17

An Chaibidil faoin bhFearg

221 Tréig an fhearg. Fág an mórtas i do dhiaidh.
Sáraigh gach laincis.
Ní leanann léan an duine nach bhfuil i ngreim ag an gcorp
  ná ag an intinn,
agus nach bhfuil faic aige.

222 An té a chuireann srian le borradh feirge faoi mar a dhéanfadh
  tiománaí le carbad longadánach,
tugaim "fíor-charbadóir" air siúd. Ní dhéanann daoine eile
  ach greim a choinneáil ar an srian.

223 Cloígh an fhearg le heaspa feirge. Cloígh an t-olc leis an maith.
Cloígh an sprionlaitheacht leis an bhflaithiúlacht.
  Cloígh an bhréagadóireacht leis an bhfírinne.

224 Abair an fhírinne. Ná héirigh feargach.
  Tabhair nuair a iarrtar ort é, fiú mura bhfuil agat ach beagán.
Sa trí bhealach seo rachaidh tú i láthair na ndéithe.

225 Téann na saoithe, a bhíonn gan choir
  agus faichilleach i gcónaí lena ngníomhartha,
go dtí an staid bhuan—áit nach mbíonn buaireamh orthu.

226 Sadā jāgaramānānaṁ, ahorattānusikkhinaṁ,
Nibbānaṁ adhimuttānaṁ, atthaṁ gacchanti āsavā.

227 Porāṇam-etaṁ, Atula, netaṁ ajjatanām-iva:
nindanti tuṇhim-āsīnaṁ, nindanti bahubhāṇinaṁ,
mitabhāṇim-pi nindanti, natthi loke anindito.

228 Na cāhu na ca bhavissati, na cetarahi vijjati
ekantaṁ nindito poso, ekantaṁ vā pasaṁsito.

229⌉ Yañ-ce viññū pasaṁsanti, anuvicca suve suve,
acchiddavuttiṁ medhāviṁ, paññāsīlasamāhitaṁ,

230⌋ nekkhaṁ jambonadasseva, ko taṁ ninditum-arahati?
Devā pi naṁ pasaṁsanti, Brahmunā pi pasaṁsito.

231 Kāyappakopaṁ rakkheyya, kāyena saṁvuto siyā,
kāyaduccaritaṁ hitvā, kāyena sucaritaṁ care.

232 Vacīpakopaṁ rakkheyya, vācāya saṁvuto siyā,
vacīduccaritaṁ hitvā, vācāya sucaritaṁ care.

226 Iad siúd a bhíonn airdeallach i gcónaí,
á n-oiliúint féin de lá is d'oíche, meáite ar Nirbheána:
imíonn a gcuid truaillíochtaí uathu.

227 A Atula,[22] a chara, is seanscéal é seo nach bhfuil teoranta
don lá atá inniu ann:
Cáintear an té a fhanann ina thost. Cáintear an té a dhéanann
an-chuid cainte.
Cáintear freisin an té a labhraíonn go measartha.
Níl éinne ar an saol nach gcáintear é.

228 Ní raibh riamh ann, agus níl ann anois, agus ní bheidh ann go deo
duine a cháintear i gcónaí ná duine a mholtar i gcónaí.

229⌉ Molann daoine éirimiúla é,
tar éis dóibh é a iniúchadh go mion lá i ndiaidh lae.
Tá sé cliste, gan locht ina iompar,
agus tá eagna agus na suáilcí aige—

230⌋ cé atá sách maith chun é a cháineadh,
eisean atá níos fearr ná an t-ór buí?
Molann fiú na déithe é; tá sé molta ag Bráma féin.

231 Cosain thú féin ar chorraí colainne.
Coinnigh do cholainn faoi shrian.
Agus do chúl tugtha agat le mí-iompar colainne,
cleacht dea-iompar colainne.

232 Cosain thú féin ar chorraí cainte.
Coinnigh do chuid cainte faoi shrian.
Agus do chúl tugtha agat le mí-iompar cainte,
cleacht dea-iompar cainte.

233 Manopakopaṁ rakkheyya, manasā saṁvuto siyā,
manoduccaritaṁ hitvā, manasā sucaritaṁ care.

234 Kāyena saṁvutā dhīrā, atho vācāya saṁvutā,
manasā saṁvutā dhīrā, te ve suparisaṁvutā.

Kodhavaggo Sattarasamo

233 Cosain thú féin ar chorraí intinne. Coinnigh d'intinn faoi shrian.
Agus do chúl tugtha agat le mí-iompar intinne,
cleacht dea-iompar intinne.

234 Nach deas an srian a choinníonn na heagnaithe orthu féin
ar gach slí!
Coinníonn siad srian ar a gcolainn, ar a gcaint, is ar a n-intinn.

An Chaibidil faoin bhFearg, an Seachtú Ceann Déag

18

Malavaggo

235 Paṇḍupalāso va dāni 'si,
Yamapurisā pi ca taṁ upaṭṭhitā,
uyyogamukhe ca tiṭṭhasi,
pātheyyam-pi ca te na vijjati.

236 So karohi dīpam-attano,
khippaṁ vāyama paṇḍito bhava,
niddhantamalo, anaṅgaṇo,
dibbaṁ ariyabhūmim-ehisi.

237 Upanītavayo ca dāni 'si,
sampayāto 'si Yamassa santike,
vāso pi ca te natthi antarā,
pātheyyam-pi ca te na vijjati.

238 So karohi dīpam-attano,
khippaṁ vāyama paṇḍito bhava,
niddhantamalo anaṅgaṇo,
na punaṁ jātijaraṁ upehisi.

239 Anupubbena medhāvī, thokathokaṁ khaṇe khaṇe,
kammāro rajatasseva, niddhame malam-attano.

18
An Chaibidil faoi na Smáil

235 Tá tú cosúil le duilleog fheoite anois.
Tá giollaí an bháis tagtha faoi do choinne.
Tá tú i do sheasamh i mbéal an bháis,
agus níl aon soláthar don turas agat.

236 Déan oileán duit féin!
Luigh amach ort féin go mear, agus bí i d'eagnaí.
Nuair a bheidh tú gan smáil, agus gach salachar séidte chun siúil,
tiocfaidh tú i ngiorracht do cheantar neamhaí na nUaisle.

237 Tá tú tagtha go deireadh do shaoil anois.
Druideann tú le Rí an Bháis.
Níl aon áit scíthe ann ar an mbealach duit,
agus níl aon soláthar don turas agat.

238 Déan oileán duit féin!
Luigh amach ort féin go mear, agus bí i d'eagnaí.
Nuair a bheidh tú gan smáil, agus gach salachar séidte chun siúil,
ní tharlóidh breith ná seanaois arís duit.

239 Ba chóir don saoi gach salachar a ghlanadh uaidh féin,
de réir a chéile, beagán ar bheagán, ó nóiméad go nóiméad,
go díreach mar a dhéanann gabha geal le hairgead.

240 Ayasā va malaṁ samuṭṭhitaṁ,
taduṭṭhāya tam-eva khādati,
evaṁ atidhonacārinaṁ—
sakakammāni nayanti duggatiṁ.

241 Asajjhāyamalā mantā, anuṭṭhānamalā gharā,
malaṁ vaṇṇassa kosajjaṁ, pamādo rakkhato malaṁ.

242⌉ Malitthiyā duccaritaṁ, maccheraṁ dadato malaṁ,
malā ve pāpakā dhammā asmiṁ loke paramhi ca.

243⌋ Tato malā malataraṁ, avijjā paramaṁ malaṁ,
etaṁ malaṁ pahatvāna, nimmalā hotha, bhikkhavo!

244 Sujīvaṁ ahirikena, kākasūrena dhaṁsinā,
pakkhandinā pagabbhena, saṅkiliṭṭhena jīvitaṁ.

245 Hirīmatā ca dujjīvaṁ, niccaṁ sucigavesinā,
alīnenāpagabbhena, suddhājīvena passatā.

246⌉ Yo pāṇam-atipāteti, musāvādañ-ca bhāsati,
loke adinnaṁ ādiyati, paradārañ-ca gacchati,

247⌋ surāmerayapānañ-ca yo naro anuyuñjati,
idhevam-eso lokasmiṁ mūlaṁ khaṇati attano.

248 Evaṁ bho purisa jānāhi, pāpadhammā asaññatā,
mā taṁ lobho adhammo ca ciraṁ dukkhāya randhayuṁ.

240 Go díreach mar a itheann an mheirg
an t-iarann as a dtagann sí,
ar an mbealach sin tagann saol ainnis as gníomhartha an duine
a théann thar a chuid féin de na bunriachtanais.

241 Smál ar scrioptúr: gan é a aithris. Smál ar thithe:
faillí a dhéanamh iontu.
Smál ar scéimh: an leisce. Smál ar gharda: míchúram.

242⌉ Smál ar bhean: drochiompar. Smál ar dheontóir: sprionlaitheacht.
Tá smál ar gach drochrud, sa saol seo agus sa saol eile.

243⌋ Is é an t-aineolas an smál is mó, níos measa ná na smáil eile seo.
Tréigigí an t-aineolas agus bígí gan smál, a mhanacha.

244 Is breá saoráideach é an saol don bhladhmaire maslach
gan náire ná dúthracht,
a bhíonn meargánta agus smálaithe.

245 Agus is deacair é an saol don duine modhúil
a bhfuil slí bheatha ghlan aige,
a bhíonn oscailte, cáiréiseach is grinn,
ag dréim le glaineacht i gcónaí.

246⌉ An té a mharaíonn neacha beo, a thugann éitheach,
a thógann rud ar bith nár tugadh dó, a théann chuig bean duine eile,

247⌋ agus atá tugtha don ól—
baineann sé ó fhréamh é féin fiú sa saol seo.

248 A chara, bíodh a fhios seo agatsa:
is deacair drochrud a choinneáil faoi smacht.
Ná lig don tsaint ná don éagóir thú a chéasadh go ceann i bhfad.

249 Dadāti ve yathāsaddhaṁ, yathāpasādanaṁ jano,
tattha yo maṅku bhavati paresaṁ pānabhojane
na so divā vā rattiṁ vā, samādhiṁ adhigacchati.

250 Yassa cetaṁ samucchinnaṁ, mūlaghaccaṁ samūhataṁ,
sa ve divā vā rattiṁ vā, samādhiṁ adhigacchati.

251 Natthi rāgasamo aggi, natthi dosasamo gaho,
natthi mohasamaṁ jālaṁ, natthi taṇhāsamā nadī.

252 Sudassaṁ vajjam-aññesaṁ, attano pana duddasaṁ,
paresaṁ hi so vajjāni opuṇāti yathā bhusaṁ,
attano pana chādeti, kaliṁ va kitavā saṭho.

253 Paravajjānupassissa niccaṁ ujjhānasaññino,
āsavā tassa vaḍḍhanti, ārā so āsavakkhayā.

254 Ākāse va padaṁ natthi, samaṇo natthi bāhire,
papañcābhiratā pajā, nippapañcā Tathāgatā.

255 Ākāse va padaṁ natthi, samaṇo natthi bāhire,
saṅkhārā sassatā natthi, natthi Buddhānam-iñjitaṁ.

Malavaggo Aṭṭhārasamo

249 Tugann daoine déirc de réir a gcreidimh nó de réir a ngrást.
Má bhíonn manach buartha faoin mbia
agus faoin deoch a thugtar do mhanaigh eile,
ní bhaineann sé amach díriú intinne, lá ná oíche.

250 Ach má stoitheann sé na smaointe seo ó fhréamh,
baineann sé amach díriú intinne, lá is oíche.

251 Níl aon tine inchurtha leis an ainmhian.
Níl aon ghreim inchurtha leis an mírún.
Níl aon ghaiste inchurtha leis an seachrán.
Níl aon abhainn inchurtha leis an gcíocras.

252 Tá lochtanna daoine eile sofheicthe.
Tá do lochtanna féin dofheicthe.
Cáitheann tú lochtanna daoine eile ar nós lócháin,
ach ceileann tú do lochtanna féin
mar a cheileann séitéir díslí an caitheamh mí-ámharach.

253 Téann na truaillíochtaí i méid ar an duine a bhíonn i gcónaí
ag lochtú daoine eile go cáinteach.
Is fada uaidh léirscrios na dtruaillíochtaí.

254 Níl aon chonair sa spéir, ná aon díthreabhach lasmuigh
(de chonair an Bhúda).
Bíonn an gnáthdhuine tógtha le rudaí a chuireann bac air,
ach bíonn na Búdaí saor uathu.

255 Níl aon chonair sa spéir, ná aon díthreabhach lasmuigh
(de chonair an Bhúda).
Níl aon rud riochtaithe[23] buan. Níl aon mhíshocracht ag baint
leis na Búdaí.

An Chaibidil faoi na Smáil, an tOchtú Ceann Déag

19

Dhammaṭṭhavaggo

256 Na tena hoti Dhammaṭṭho yenatthaṁ sahasā naye,
yo ca atthaṁ anatthañ-ca ubho niccheyya paṇḍito.

257 Asāhasena dhammena samena nayatī pare,
Dhammassa gutto medhāvī, Dhammaṭṭho ti pavuccati.

258 Na tena paṇḍito hoti yāvatā bahu bhāsati;
khemī averī abhayo, paṇḍito ti pavuccati.

259 Na tāvatā Dhammadharo yāvatā bahu bhāsati,
yo ca appam-pi sutvāna, Dhammaṁ kāyena passati,
sa ve Dhammadharo hoti, yo Dhammaṁ nappamajjati.

260 Na tena thero hoti yenassa palitaṁ siro,
paripakko vayo tassa moghajiṇṇo ti vuccati.

19

An Chaibidil faoi na Fíréin

256 Ní thugtar "fíréan" ar an duine
a thugann breith gan smaoineamh ar cad é an rud is fearr.

257 Nuair a iniúchann saoi leas agus aimhleas araon,
agus nuair a thugann sé breith ar dhaoine eile
go cothrom cóir gan deabhadh,
is ar an saoi seo, cosantóir an Dlí, a thugtar "fíréan".

258 Ní de bharr go labhraíonn sé mórán a thugtar "saoi" ar dhuine.
Tugtar "saoi" ar an té atá suaimhneach, gan fuath ná eagla.

259 Ní de bharr go labhraíonn sé mórán atá duine an-eolach
ar an Dharma.
An té a fheiceann an Dharma é féin,
fiú mura bhfuil ach beagán de cloiste aige,
agus nach ndéanann faillí sa Dharma, is eisean atá an-eolach air.

260 Ní de bharr a chinn léith a thugtar "seanóir" ar duine.
Tá sé aibí ó thaobh aoise de, ach aibíocht gan tairbhe
a thugtar air sin.

261 Yamhi saccañ-ca Dhammo ca ahiṁsā saṁyamo damo,
sa ve vantamalo dhīro thero iti pavuccati.

262⌉ Na vākkaraṇamattena vaṇṇapokkharatāya vā
sādhurūpo naro hoti, issukī maccharī saṭho;

263⌋ yassa cetaṁ samucchinnaṁ, mūlaghaccaṁ samūhataṁ,
sa vantadoso medhāvī sādhurūpo ti vuccati.

264 Na muṇḍakena samaṇo, abbato alikaṁ bhaṇaṁ,
icchālobhasamāpanno, samaṇo kiṁ bhavissati?

265 Yo ca sameti pāpāni, aṇuṁ-thūlāni sabbaso—
samitattā hi pāpānaṁ samaṇo ti pavuccati.

266 Na tena bhikkhu hoti yāvatā bhikkhate pare,
vissaṁ Dhammaṁ samādāya bhikkhu hoti na tāvatā.

267 Yodha puññañ-ca pāpañ-ca bāhetvā brahmacariyavā,
saṅkhāya loke carati sa ce, bhikkhū ti vuccati.

268 Na monena munī hoti mūḷharūpo aviddasu,
yo ca tulaṁ va paggayha, varam-ādāya paṇḍito.

261 An duine ina bhfuil fírinne, an Dharma, agus neamhurchóid,
a bhfuil guaim agus máistreacht aige air féin—
is air siúd, an t-eagnaí a bhfuil gach smál caite uaidh,
a thugtar "seanóir".

262⌉ Ní thugann dathúlacht ná dea-chaint
measúlacht don té atá éadmhar, leithleach agus fealltach.

263⌋ Ach maidir leis an té a bhfuil na tréithe sin stoite ó fhréamh
agus scriosta ar fad aige,
is ar an saoi sin, a bhfuil fuath caite uaidh, a thugtar "measúil".

264 Ní dhéanfaidh ceann bearrtha díthreabhach
de dhuine mímhorálta a thugann éitheach.
Conas a bheadh duine atá lán le dúil agus le saint
ina dhíthreabhach?

265 Má théann duine i ngleic le drochbheart, bíodh sé beag nó mór,
agus má chloíonn sé é,
tugtar "díthreabhach" air toisc go bhfuil an drochbheart cloíte
aige.

266 Ní de bharr go n-iarrann sé déirc ar dhaoine atá duine
ina mhanach.
Ní manach é ach oiread an duine a leanann slí an tuata.

267 Má choinníonn duine an drochghníomh agus an dea-ghníomh
ar shiúl anseo,
ag maireachtáil go naofa tuisceanach sa saol seo,
tugtar "manach" air.

268 Ní dhéanfaidh móid chiúnais saoi d'ainbhiosán
a bhfuil seachrán air.
Ach meánn an t-eagnaí gach rud, amhail is dá mbeadh scálaí aige,
ansin ní ghlacann sé ach an scoth.

269 Pāpāni parivajjeti sa munī tena so muni,
yo munāti ubho loke muni tena pavuccati.

270 Na tena ariyo hoti yena pāṇāni hiṁsati,
ahiṁsā sabbapāṇānaṁ ariyo ti pavuccati.

271 Na sīlabbatamattena, bāhusaccena vā pana,
atha vā samādhilābhena, vivittasayanena vā,

272 phusāmi nekkhammasukhaṁ, aputhujjanasevitaṁ;
bhikkhu vissāsa' māpādi appatto āsavakkhayaṁ.

Dhammaṭṭhavaggo Ekūnavīsatimo

269 Fanann an saoi amach ón olc, agus tugtar "saoi" air dá bharr.
Tugtar "saoi" ar an té a thuigeann an dá shaol, de bharr a
thuisceana.

270 Ní uasal an duine é a ghortaíonn neacha beo.
Is de bharr a neamhurchóide i leith gach neach beo
a thugtar "uasal" ar dhuine.

271⌝ Ná bí sásta, a mhanaigh, le rialacha agus deasghnátha amháin,
ná le heolas domhain,
ná le díriú intinne a bhaint amach, ná le bheith i do chónaí
i d'aonar,

272⌟ ná leis an smaoineamh "tá sonas orm de bharr an fhéindiúltaithe
nach gcleachtann gnáthdhaoine",
go dtí go mbeidh léirscrios na dtruaillíochtaí bainte amach agat.

An Chaibidil faoi na Fíréin, an Naoú Ceann Déag

20

Maggavaggo

273 Maggānaṭṭhaṅgiko seṭṭho, saccānaṁ caturo padā,
virāgo seṭṭho dhammānaṁ, dipadānañ-ca Cakkhumā.

274 Eso va maggo natthañño, dassanassa visuddhiyā,
etaṁ hi tumhe paṭipajjatha, Mārassetaṁ pamohanaṁ.

275 Etaṁ hi tumhe paṭipannā dukkhassantaṁ karissatha,
akkhāto ve mayā maggo, aññāya sallasanthanaṁ.

276 Tumhehi kiccaṁ ātappaṁ akkhātāro Tathāgatā,
paṭipannā pamokkhanti jhāyino Mārabandhanā.

277 Sabbe saṅkhārā aniccā ti, yadā paññāya passati,
atha nibbindatī dukkhe—esa maggo visuddhiyā.

278 Sabbe saṅkhārā dukkhā ti, yadā paññāya passati,
atha nibbindatī dukkhe—esa maggo visuddhiyā.

20
An Chaibidil faoin gConair

273 Scoth na gconairí: conair na n-ocht rian.
Scoth na bhfírinní: na ceithre fhírinne.
Scoth na staideanna meabhracha: easpa ainmhéine.
Scoth na ndéchosach: iad siúd a bhfuil léargas acu.

274 Seo í an chonair. Níl aon cheann eile le haghaidh glaineacht léargais.
Tosaígí uirthi, agus cuirfidh sibh an dallamullóg ar Mhāra féin.

275 Má leanann sibh an chonair seo,
cuirfidh sibh deireadh leis an léan.
Mhúin mise an chonair seo daoibhse, tar éis dom a aithint conas
an tsaighead[24] a tharraingt amach.

276 Caithfidh sibh iarracht a dhéanamh. Níl sna Búdaí ach múinteoirí.
Fuasclófar ó laincis Mhāra iad siúd a leanann an chonair
is a dhéanann machnamh.

277 Nuair a fheiceann tú le heagna
go bhfuil gach rud riochtaithe neamhbhuan,
iompóidh tú ón léan. Is í seo conair na glaineachta.

278 Nuair a fheiceann tú le heagna
go bhfuil gach rud riochtaithe míshásúil,
iompóidh tú ón léan. Is í seo conair na glaineachta.

279 Sabbe dhammā anattā ti, yadā paññāya passati,
atha nibbindatī dukkhe—esa maggo visuddhiyā.

280 Uṭṭhānakālamhi anuṭṭhahāno,
yuvā balī, ālasiyaṁ upeto,
saṁsannasaṅkappamano kusīto—
paññāya maggaṁ alaso na vindati.

281 Vācānurakkhī manasā susaṁvuto,
kāyena ca akusalaṁ na kayirā,
ete tayo kammapathe visodhaye,
ārādhaye maggaṁ isippaveditaṁ.

282 Yogā ve jāyatī bhūri, ayogā bhūrisaṅkhayo,
etaṁ dvedhāpathaṁ ñatvā bhavāya vibhavāya ca,
tathattānaṁ niveseyya yathā bhūri pavaḍḍhati.

283 Vanaṁ chindatha mā rukkhaṁ, vanato jāyatī bhayaṁ,
chetvā vanañ-ca vanathañ-ca, nibbanā hotha bhikkhavo.

284 Yāva hi vanatho na chijjati
aṇumatto pi narassa nārisu,
paṭibaddhamano va tāva so,
vaccho khīrapako va mātari.

285 Ucchinda sineham-attano,
kumudaṁ sāradikaṁ va pāṇinā,
santimaggam-eva brūhaya
Nibbānaṁ Sugatena desitaṁ.

279 Nuair a fheiceann tú le heagna nach bhfuil anam buan ag aon rud,
iompóidh tú ón léan. Is í seo conair na glaineachta.

280 Níl teacht ar chonair na heagna ag an leisceoir
nach ndéanann iarracht i dtráth na dianiarrachta,
atá leisciúil d'ainneoin a óige is a nirt,
atá díomhaoin, a intinn lán le smaointe tráite.

281 Bí ar d'aire maidir le do chuid cainte. Coinnigh d'intinn faoi shrian.
Ná déan aon ghníomh mícheart.
Ba chóir d'iompar a íonghlanadh sna trí shlí seo.
Ba chóir an chonair a d'fhógair an fáidh a chun i gcrích.

282 Gineann cleachtadh tuiscint. Gineann easpa cleachtaidh
meath tuisceana.
Agus an gabhal seo sa bhóthar idir éirí tuisceana
agus a meath ar eolas agat,
cuir bun ceart ort féin chun go dtéann do thuiscint i méid.

283 Gearraigí anuas coill an phaisin ina hiomlán,
seachas na corrchrainn, ceann ar cheann.
Tagann eagla ón gcoill. Agus coill agus fáschoill gearrtha anuas
agaibh, bígí saor ó choill an phaisin, a mhanacha.

284 Fad is nach ngearrtar anuas cuid den fháschoill dúile
a bhíonn ag fear sna mná, dá laghad í,
tá ceangal ar a intinn,
amhail lao ag diúl a mháthar.

285 Stoith do chuid drúise,
mar a stoithfeá loiteog fhómhair le do láimh.
Cleacht conair an tsuaimhnis,
an Nirbheána a mhúin an Búda.

286 "Idha vassaṁ vasissāmi, idha hemantagimhisu",
iti bālo vicinteti, antarāyaṁ na bujjhati.

287 Taṁ puttapasusammattaṁ byāsattamanasaṁ naraṁ,
suttaṁ gāmaṁ mahogho va maccu ādāya gacchati.

288 Na santi puttā tāṇāya, na pitā na pi bandhavā,
Antakenādhipannassa natthi ñātisu tāṇatā.

289 Etam-atthavasaṁ ñatvā, paṇḍito sīlasaṁvuto,
Nibbānagamanaṁ maggaṁ khippam-eva visodhaye.

Maggavaggo Vīsatimo

286 "Is anseo a chaithfidh mé séasúr na báistí, an geimhreadh,
agus an samhradh,"
a smaoiníonn an t-amadán. Ní thuigeann sé an baol.[25]

287 An fear atá tógtha le mic agus le heallach,
a bhfuil a intinn i ngreim:
tabharfaidh an bás leis é,
amhail tuile mhór trí shráidbhaile ina chodladh.

288 Níl cosaint le fáil i mic, in athair, ná i ngaolta eile.
Nuair a bheireann an bás ort,
níl cosaint in aon duine muinteartha.

289 Agus é seo tuigthe aige, ba chóir don saoi,
ag gabháil leis na suáilcí,
an chonair go Nirbheána a dhéanamh glan gan mhoill.

An Chaibidil faoin gConair, an Fichiú Ceann

21

Pakiṇṇakavaggo

290 Mattāsukhapariccāgā, passe ce vipulaṁ sukhaṁ,
caje mattāsukhaṁ dhīro, sampassaṁ vipulaṁ sukhaṁ.

291 Paradukkhūpadānena attano sukham-icchati,
verasaṁsaggasaṁsaṭṭho, verā so na parimuccati.

292 Yaṁ hi kiccaṁ tad-apaviddhaṁ, akiccaṁ pana kayirati,
unnalānaṁ pamattānaṁ, tesaṁ vaḍḍhanti āsavā.

293 Yesañ-ca susamāraddhā niccaṁ kāyagatā sati
akiccaṁ te na sevanti, kicce sātaccakārino,
satānaṁ sampajānānaṁ, atthaṁ gacchanti āsavā.

294 Mātaraṁ pitaraṁ hantvā, rājāno dve ca khattiye,
raṭṭhaṁ sānucaraṁ hantvā, anīgho yāti brāhmaṇo.

295 Mātaraṁ pitaraṁ hantvā, rājāno dve ca sotthiye,
veyyagghapañcamaṁ hantvā, anīgho yāti brāhmaṇo.

21
Caibidil an Mheascra

290 Má fheiceann tú sonas mór a bheith ar fáil má éiríonn tú
as sonas beag,
ba chríonna an mhaise, le súil ar an sonas mór, éirí as an sonas beag.

291 An té a chuireann daoine eile faoi léan d'fhonn a shonais féin,
tá seisean i ngreim an fhuatha, agus ní shaorfar ón bhfuath é.

292 Téann na truaillíochtaí i méid iontu siúd,
atá mórtasach agus faillitheach,
a dhiúltaíonn don rud ba chóir a dhéanamh,
agus a dhéanann an rud ba chóir gan a dhéanamh.

293 Imíonn na truaillíochtaí uathu siúd a mbíonn meabhrachas[26]
daingean acu i gcónaí maidir leis an gcolainn.
Ní chleachtann siad an rud ba chóir gan a dhéanamh,
ach leanann leis an rud gur chóir a dhéanamh,
agus iad meabhrach tuisceanach.

294 Leanann an Bráman[27] leis go suaimhneach,
cé go bhfuil máthair, athair, beirt rí-laoch,
agus an ríocht mar aon lena pobal maraithe aige.[28]

295 Leanann an Bráman leis go suaimhneach, cé go bhfuil cúigear
maraithe aige: máthair, athair, beirt ríthe léannta, agus tíogar.[29]

296 Suppabuddhaṁ pabujjhanti sadā Gotamasāvakā,
yesaṁ divā ca ratto ca niccaṁ Buddhagatā sati.

297 Suppabuddhaṁ pabujjhanti sadā Gotamasāvakā,
yesaṁ divā ca ratto ca niccaṁ Dhammagatā sati.

298 Suppabuddhaṁ pabujjhanti sadā Gotamasāvakā,
yesaṁ divā ca ratto ca niccaṁ Saṅghagatā sati.

299 Suppabuddhaṁ pabujjhanti sadā Gotamasāvakā,
yesaṁ divā ca ratto ca niccaṁ kāyagatā sati.

300 Suppabuddhaṁ pabujjhanti sadā Gotamasāvakā,
yesaṁ divā ca ratto ca ahiṁsāya rato mano.

301 Suppabuddhaṁ pabujjhanti sadā Gotamasāvakā
yesaṁ divā ca ratto ca bhāvanāya rato mano.

302 Duppabbajjaṁ durabhiramaṁ, durāvāsā gharā dukhā,
dukkhosamānasaṁvāso, dukkhānupatitaddhagū,
tasmā na caddhagū siyā, na ca dukkhānupatito siyā.

303 Saddho sīlena sampanno yasobhogasamappito,
yaṁ yaṁ padesaṁ bhajati, tattha tattheva pūjito.

304 Dūre santo pakāsenti, himavanto va pabbato,
asantettha na dissanti, rattiṁ khittā yathā sarā.

112

296 Lánmhúscailte a bhíonn daltaí Ghautama[30] i gcónaí, lá is oíche,
a mbíonn a n-aire dírithe de shíor ar an mBúda.

297 Lánmhúscailte a bhíonn daltaí Ghautama i gcónaí, lá is oíche,
a mbíonn a n-aire dírithe de shíor ar an Dharma.

298 Lánmhúscailte a bhíonn daltaí Ghautama i gcónaí, lá is oíche,
a mbíonn a n-aire dírithe de shíor ar an Saṅgha.

299 Lánmhúscailte a bhíonn daltaí Ghautama i gcónaí, lá is oíche,
a mbíonn a n-aire dírithe de shíor ar an gcolainn.

300 Lánmhúscailte a bhíonn daltaí Ghautama i gcónaí, lá is oíche,
a mbíonn a n-aire dírithe de shíor ar an neamhurchóid.

301 Lánmhúscailte a bhíonn daltaí Ghautama i gcónaí, lá is oíche,
a mbíonn a n-aire dírithe de shíor ar mhachnamh a dhéanamh.

302 Is deacair imeacht ó do theach (chun bheith i do mhanach).
Is deacair sult a bhaint as sin. Is deacair é an saol sa teach,
agus baineann léan leis sin.
Is pianmhar an rud é comhluadar le daoine nach réitíonn le chéile.
Baineann léan le fánaíocht i *samsāra*.[29]
Mar sin, ná bí i d'fhánaí. Ná lig don léan thú a leanúint.

303 Tugtar urraim gach aon áit don duine muiníneach suáilceach,
a bhfuil rath agus cáil air, pé áit a ngnáthaíonn sé.

304 Bíonn loinnir ar na maithe ó i bhfad i gcéin,
amhail sliabh faoi shneachta.
Ní fheictear an drochdhuine, amhail saighde atá scaoilte san oíche.

305 Ekāsanaṁ ekaseyyaṁ, eko caram-atandito,
eko damayam-attānaṁ vanante ramito siyā.

Pakiṇṇakavaggo Ekavīsatimo

305 Is mór an sásamh atá le baint as ciumhais na coille
   ag an té a bhíonn ina shuí agus ina chodladh ina aonar,
ag gluaiseacht thart go díograiseach ina aonar,
   á cheansú féin ina aonar.

Caibidil an Mheascra, an tAonú Ceann is Fiche

22

Nirayavaggo

306 Abhūtavādī nirayaṁ upeti,
yo vāpi katvā "Na karomī" ti cāha,
ubho pi te pecca samā bhavanti
nihīnakammā manujā parattha.

307 Kāsāvakaṇṭhā bahavo pāpadhammā asaññatā,
pāpā pāpehi kammehi nirayaṁ te upapajjare.

308 Seyyo ayoguḷo bhutto tatto, aggisikhūpamo,
yañ-ce bhuñjeyya dussīlo raṭṭhapiṇḍaṁ asaññato.

309 Cattāri ṭhānāni naro pamatto,
āpajjatī paradārūpasevī:
apuññalābhaṁ, nanikāmaseyyaṁ,
nindaṁ tatīyaṁ, nirayaṁ catutthaṁ.

310 Apuññalābho ca gatī ca pāpikā,
bhītassa bhītāya ratī ca thokikā,
rājā ca daṇḍaṁ garukaṁ paṇeti,
tasmā naro paradāraṁ na seve.

22

An Chaibidil faoi Ifreann

306 Is go hifreann a théann an duine a thugann éitheach.
A dhála sin an duine a dhéanann gníomh ansin deireann sé
“Ní dhearna mé é.”
Bíonn an bheirt seo, ar táir é a ngníomh,
mar a chéile sa saol eile tar éis a mbáis.

307 Is iomaí duine droch-chroíoch gan ghuaim
a chaitheann an róba buí.
Is in ifreann a athshaolaítear na drochdhaoine seo
de dheasca a gcuid gníomhartha.

308 B’fhearr do mhanach liathróid iarainn the a ithe ina caor dhearg,
ná bia déirce na tíre a ithe gan ghuaim gan mhoráltacht.

309 Bainfidh ceithre rud don fhear faillitheach
a bhíonn sa tóir ar mhná daoine eile:
carnadh díluaíochta, codladh corrach,
cáineadh, agus ifreann.

310 Ar thaobh amháin, carnadh díluaíochta, ceann scríbe dona,
agus pionós tréan á ghearradh ag an rí.
Ar an taobh eile, is beag suarach an pléisiúr a bhíonn
ag an lánúin eaglach.
Mar sin, ná bí ag plé le céile duine eile.

311 Kuso yathā duggahito hattham-evānukantati,
sāmaññaṁ dupparāmaṭṭhaṁ nirayāyupakaḍḍhati.

312 Yaṁ kiñci sithilaṁ kammaṁ saṅkiliṭṭhañ-ca yaṁ vataṁ,
saṅkassaraṁ brahmacariyaṁ na taṁ hoti mahapphalaṁ.

313 Kayirañ-ce kayirāthenaṁ, daḷham-enaṁ parakkame,
saṭhilo hi paribbājo bhiyyo ākirate rajaṁ.

314 Akataṁ dukkataṁ seyyo, pacchā tapati dukkataṁ,
katañ-ca sukataṁ seyyo, yaṁ katvā nānutappati.

315 Nagaraṁ yathā paccantaṁ guttaṁ santarabāhiraṁ,
evaṁ gopetha attānaṁ, khaṇo vo mā upaccagā,
khaṇātītā hi socanti nirayamhi samappitā.

316 Alajjitāye lajjanti, lajjitāye na lajjare,
micchādiṭṭhisamādānā sattā gacchanti duggatiṁ.

317 Abhaye bhayadassino, bhaye cābhayadassino,
micchādiṭṭhisamādānā sattā gacchanti duggatiṁ.

318 Avajje vajjamatino, vajje cāvajjadassino,
micchādiṭṭhisamādānā sattā gacchanti duggatiṁ.

311 Go díreach mar a ghearrfar lámh má bheireann sí greim
go ciotach ar bhrobh féir,
tarraingeoidh beatha an díthreabhaigh síos go hifreann thú
mura mbíonn greim ceart agat uirthi.

312 Gníomh míshlachtmhar, móid sháraithe,
beatha atá amhrasach ó thaobh naofachta de:
is beag tairbhe atá iontu seo.

313 Má tá rud le déanamh, déan é, agus tabhair faoi go diongbháilte.
Ní dhéanann beatha an díthreabhaigh, má bhíonn sí ar nós cuma
liom, ach a chuid ainmhianta a shuaitheadh amhail dusta.

314 Is fearr gan drochghníomh a dhéanamh.
Tá tú céasta ag an aithreachas i ndiaidh a dhéanta.
Is fearr dea-ghníomh a dhéanamh,
nach gcuireann a dhéanamh aithreachas ort.

315 Amhail baile teorann atá cosanta laistigh agus lasmuigh,
cosnaígí sibh féin. Ná faillígí an deis.
Bíonn buairt orthu siúd a ligeann an deis uathu,
nuair a théann siad go hifreann.

316 Bíonn náire orthu faoin rud nach bhfuil náireach.
Ní bhíonn náire orthu faoin rud atá náireach.
Téann neacha go saol ainnis, ag géilleadh do thuairimí míchearta.

317 Bíonn scanradh orthu roimh an rud nach bhfuil scanrúil.
Ní bhíonn scanradh orthu roimh an rud atá scanrúil.
Téann neacha go saol ainnis, ag géilleadh do thuairimí míchearta.

318 Faigheann siad locht ar an rud nach bhfuil lochtach.
Ní fheiceann siad locht ar an rud atá lochtach.
Téann neacha go saol ainnis, ag géilleadh do thuairimí míchearta.

319 Vajjañ-ca vajjato ñatvā, avajjañ-ca avajjato,
sammādiṭṭhisamādānā sattā gacchanti suggatiṁ.

Nirayavaggo Dvāvīsatimo

319 Aithníonn siad an locht mar locht,
agus an rud gan locht a bheith gan locht.
Téann neacha go saol maith, ag géilleadh do thuairimí cearta.

An Chaibidil faoi Ifreann, an Dara Ceann is Fiche

23

Nāgavaggo

320 Ahaṁ nāgo va saṅgāme cāpāto patitaṁ saraṁ
ativākyaṁ titikkhissaṁ, dussīlo hi bahujjano.

321 Dantaṁ nayanti samitiṁ, dantaṁ rājābhirūhati,
danto seṭṭho manussesu, yotivākyaṁ titikkhati.

322 Varam-assatarā dantā, ājānīyā ca Sindhavā,
kuñjarā ca mahānāgā, attadanto tato varaṁ.

323 Na hi etehi yānehi gaccheyya agataṁ disaṁ,
yathattanā sudantena, danto dantena gacchati.

324 Dhanapālak nāma kuñjaro
kaṭukappabhedano dunnivārayo,
baddho kabalaṁ na bhuñjati,
sumarati nāgavanassa kuñjaro.

23
Caibidil na hEilifinte

320 Go díreach mar a chuireann eilifint chatha suas leis na saigheada
a scaoiltear ó bhoghanna,
cuirim suas le híde béil. Leoga, is iomaí duine atá mímhorálta.

321 Is í an eilifint atá ceansaithe a thugtar isteach sa tionól,
agus téann an rí ar a muin.
Duine den chéad scoth is ea an duine ceansaithe,
a chuireann suas le híde béil.

322 Bíonn miúileanna ceansaithe thar barr,
agus capaill folaíochta na Sinde freisin,
agus eilifintí de gach sórt. Ach is fearr fós an duine
a cheansaíonn é féin.

323 Ní ar bheithígh mharcaíochta mar seo a bhainfear amach
an ceann scríbe nár leagadh cos riamh air,[31]
ach déanfaidh an duine ceansaithe é, trí é féin a cheansú go maith.

324 Is deacair srian a chur le Dhanapálaka an eilifint,
in aimsir an láith.
Agus í ceangailte , ní bhlaiseann sí bolgam,
ag cuimhneamh ar choill na n-eilifintí.

325 Middhī yadā hoti mahagghaso ca,
niddāyitā samparivattasāyī,
mahāvarāho va nivāpapuṭṭho,
punappunaṁ gabbham-upeti mando.

326 Idaṁ pure cittam-acāri cārikaṁ
yenicchakaṁ yatthakāmaṁ yathāsukhaṁ,
tad-ajjahaṁ niggahessāmi yoniso,
hatthim-pabhinnaṁ viya aṅkusaggaho.

327 Appamādaratā hotha, sacittam-anurakkhatha,
duggā uddharathattānaṁ paṅke sanno va kuñjaro.

328 Sace labhetha nipakaṁ sahāyaṁ
saddhiṁcaraṁ sādhuvihāridhīraṁ,
abhibhuyya sabbāni parissayāni
careyya tenattamano satīmā.

329 No ce labhetha nipakaṁ sahāyaṁ
saddhiṁcaraṁ sādhuvihāridhīraṁ,
rājā va raṭṭhaṁ vijitaṁ pahāya
eko care mātaṅgaraññe va nāgo.

330 Ekassa caritaṁ seyyo, natthi bāle sahāyatā,
eko care na ca pāpāni kayirā,
appossukko mātaṅgaraññe va nāgo.

331 Atthamhi jātamhi sukhā sahāyā,
tuṭṭhī sukhā yā itarītarena,
puññaṁ sukhaṁ jīvitasaṅkhayamhi,
sabbassa dukkhassa sukhaṁ pahāṇaṁ.

325 Má bhíonn duine marbhánta agus craosach,
má bhíonn sé ina thámhán, á únfairt ina chodladh,
bíonn a leithéid seo de leisceoir cosúil le torc beathaithe,
agus tiocfaidh sé as broinn arís is arís.

326 Bhíodh an intinn seo agamsa ag imeacht chun fáin dá toil féin,
mar ab áil léi, de réir a méine.
Cuirfidh mé srian ceart léi inniu,
amhail is a dhéanann traenálaí le heilifint faoi láth.

327 Bígí tugtha don dícheallacht. Cosnaígí bhur n-intinn féin.
Ardaígí sibh féin ón áit chrua seo, amhail eilifint in abar sa láib.

328 Má fhaigheann tú comrádaí críonna,
compánach eagnaí fónta,
ba chóir gach deacracht a shárú
agus siúl leis, go sásta meabhrach.

329 Mura bhfaigheann tú comrádaí críonna,
compánach eagnaí fónta,
bí ar nós rí a fhágann a ríocht tar éis a chloíte,
agus siúil i d'aonar, amhail eilifint sa choill.

330 Is fearr bheith i do chónaí i d'aonar;
  níl aon chomhluadar in amadán.
Mair i d'aonar, gan aon olc a dhéanamh.
Bí neamhbhuartha, amhail eilifint sa choill.

331 Is deas cairde in am an ghátair.
Is deas bheith sásta le cibé rud.
Is deas luaíocht ag deireadh do shaoil.
Is deas an léan a thréigean go hiomlán.

332 Sukhā matteyyatā loke, atho petteyyatā sukhā,
sukhā sāmaññatā loke, atho brahmaññatā sukhā.

333 Sukhaṁ yāva jarā sīlaṁ, sukhā saddhā patiṭṭhitā,
sukho paññāya paṭilābho, pāpānaṁ akaraṇaṁ sukhaṁ.

Nāgavaggo Tevīsatimo

332 Ar an saol seo, is deas iad na rudaí seo: macúlacht do d'athair
agus macúlacht do do mháthair,
ómós do dhíthreabhaigh, agus ómós do Bhrámain.[32]

333 Is deas suáilcí go dtí seanaois. Is deas creideamh daingean.
Is deas eagna a fháil. Is deas staonadh ón olc.

Caibidil na hEilifinte, an Tríú Ceann is Fiche

24

Taṇhāvaggo

334 Manujassa pamattacārino
taṇhā vaḍḍhati māluvā viya,
so palavatī hurāhuraṁ
phalam-icchaṁ va vanasmi' vānaro.

335 Yaṁ esā sahatī jammī taṇhā loke visattikā,
sokā tassa pavaḍḍhanti abhivaṭṭhaṁ va bīraṇaṁ.

336 Yo cetaṁ sahatī jammiṁ taṇhaṁ loke duraccayaṁ,
sokā tamhā papatanti udabindu va pokkharā.

337 Taṁ vo vadāmi: "Bhaddaṁ vo yāvantettha samāgatā",
taṇhāya mūlaṁ khaṇatha, usīrattho va bīraṇaṁ,
mā vo naḷaṁ va soto va Māro bhañji punappunaṁ.

338 Yathā pi mūle anupaddave daḷhe
chinno pi rukkho, punar-eva rūhati,
evam-pi taṇhānusaye anūhate
nibbattatī dukkham-idaṁ punappunaṁ.

24

An Chaibidil faoin gCíocras

334 Má bhíonn duine faillitheach ina iompar,
fásann cíocras ann ar nós féitheach sa chrann.
Gluaiseann sé ó shaol go saol
ar nós moncaí sa choill ag iarraidh torthaí.

335 Fásann brón, amhail féar i ndiaidh báistí, ar an duine
atá cloíte sa saol seo ag an gcíocras, ag an andúil ainnis seo.

336 Má chloíonn duine an cíocras ainnis seo ar deacair a shárú,
titeann an brón de, amhail braon uisce ó loiteog.

337 Deirimse libh: "Beannacht libh go léir atá bailithe anseo!"
Bainigí fréamh an chíocrais, ar nós daoine sa tóir
  ar fhréamh chumhra an ghrúim abhann.
Ná brise Māra arís agus arís sibh amhail giolcach sa tuile.

338 Gó díreach ar nós crainn, a fhásfaidh arís má leagtar é,
ach a fhréamhacha a bheith láidir gan ghortú,
tiocfaidh an léan seo ar ais arís agus arís,
mura scriostar an cíocras folaigh.

339 Yassa chattiṁsatī sotā manāpassavanā bhusā,
vāhā vahanti duddiṭṭhiṁ saṅkappā rāganissitā.

340 Savanti sabbadhī sotā, latā ubbhijja tiṭṭhati,
tañ-ca disvā lataṁ jātaṁ mūlaṁ paññāya chindatha.

341 Saritāni sinehitāni ca
sŏmanassāni bhavanti jantuno,
te sātasitā sukhesino,
te ve jātijarūpagā narā.

342 Tasiṇāya purakkhatā pajā
parisappanti saso va bādhito,
saṁyojanasaṅgasattakā
dukkham-upenti punappunaṁ cirāya.

343 Tasiṇāya purakkhatā pajā
parisappanti saso va bādhito,
tasmā tasiṇaṁ vinodaye—
bhikkhu ākaṅkha' virāgam-attano.

344 Yo nibbanatho vanādhimutto,
vanamutto vanam-eva dhāvati,
taṁ puggalam-etha passatha,
mutto bandhanam-eva dhāvati.

345⌉ Na taṁ daḷhaṁ bandhanam-āhu dhīrā,
yad-āyasaṁ dārujaṁ pabbajañ-ca,
sārattarattā maṇikuṇḍalesu
puttesu dāresu ca yā apekhā—

339 Má ritheann tríocha is sé cinn de shrutháin mhéine go láidir
i nduine, ag sreabhadh i dtreo nithe taitneamhacha,
iompróidh a smaointe ainmhianacha leo eisean, atá in iomrall.

340 Ritheann na srutháin gach aon áit.
Tá an féitheach[33] borrtha aníos agus ina sheasamh.
Agus fás an fhéithigh feicthe agaibh, scoithigí a fhréamh le heagna.

341 Bíonn aoibhneas duine ina thuile ainmhéine.
Breith agus seanaois a fhulaingíonn daoine
atá tugtha don phléisiúr,
ag iarraidh sonais.

342 Ar nós giorria i ngaiste,
ritheann daoine thart atá i ngreim cíocrais.
Agus iad ceangailte ag na deich laincis,
tagann léan orthu arís is arís go ceann i bhfad.

343 Ar nós giorria i ngaiste
a ritheann daoine thart atá i ngreim cíocrais.
Ba chóir, mar sin, an ruaig a chur ar an gcíocras,
le súil go mbeadh sibh féin saor ó ainmhianta.

344 Samhlaígí duine atá saor ón bhfáschoill
ach a bhfuil luí aige fós leis an gcoill.
Tar éis dó bheith scaoilte amach ón gcoill,[34]
ritheann sé isteach inti arís!
Féachaigí an duine atá saortha
ag rith ar ais chun a sheanlaincise!

345[1] Ní láidir í an laincis,
deir an t-eagnaí,
arb as iarann, adhmad,
nó súgán a déanamh.

346⌋ etaṁ daḷhaṁ bandhanam-āhu dhīrā,
ohārinaṁ sithilaṁ, duppamuñcaṁ,
etam-pi chetvāna paribbajanti
anapekkhino, kāmasukhaṁ pahāya.

347 Ye rāgarattānupatanti sotaṁ
sayaṁkataṁ makkaṭako va jālaṁ,
etam-pi chetvāna vajanti dhīrā,
anapekkhino sabbadukkhaṁ pahāya.

348 Muñca pure, muñca pacchato,
majjhe muñca, bhavassa pāragū,
sabbattha vimuttamānaso,
na punaṁ jātijaraṁ upehisi.

349 Vitakkapamathitassa jantuno
tibbarāgassa, subhānupassino,
bhiyyo taṇhā pavaḍḍhati,
esa kho daḷhaṁ karoti bandhanaṁ.

350 Vitakkupasame ca yo rato
asubhaṁ bhāvayatī sadā sato,
esa kho vyantikāhiti,
esacchecchati Mārabandhanaṁ.

351 Niṭṭhaṁ gato asantāsī, vītataṇho anaṅgaṇo,
acchindi bhavasallāni, antimoyaṁ samussayo.

346⌋ Is fíorláidir iad na laincisí seo: dúil i seodra,
nó tnúthán le bean nó mic.
Bíonn ligean iontu, ach tarraingeoidh siad síos sibh,
agus is deacair éalú uathu.
Tar éis na laincisí seo a scriosadh,
téann daoine ag fánaíocht ina ndíthreabhach,
saor ó dhúil, ag fágáil phléisiúir na gcéadfaí ina ndiaidh.

347 Titeann daoine atá griogtha ag an ainmhian sa sruth,
amhail damhán alla a thiteann ina líon féin.
Tar éis é seo a ghearradh, téann eagnaithe
ag fánaíocht ina ndíthreabhach,
saor ó dhúil, ag fágáil gach léin ina ndiaidh.

348 Lig uait an t-am atá thart. Lig uait an t-am atá le teacht.
Lig uait an t-am atá ann anois. Nuair a bheidh tú imithe trasna
go cladach eile na beithsine,
le hintinn atá saortha ar fad,
ní thiocfaidh tú chun breithe nó chun seanaoise arís.

349 Is i ndéine a rachaidh an cíocras i nduine
a bhfuil a chuid smaointe suaite
agus a ainmhianta láidir, ag meabhrú nithe taitneamhacha.
Cuireann a leithéid neart lena chuid laincisí.

350 Má bhíonn duine tiomanta ar shuaimhneas smaointe,
má dhéanann sé machnamh ar an míthaitneamhach,
is má bhíonn sé meabhrach i gcónaí,
cuirfidh sé deireadh leis an gcíocras.
Scriosfaidh sé laincisí Mhāra.

351 Tá saigheada an tsaoil scriosta ag an té a bhfuil an sprioc bainte
amach aige, agus é gan eagla, gan chíocras, agus gan smáil.
Is é seo an bheatha dheiridh dó.

352 Vītataṇho anādāno, niruttipadakovido,
akkharānaṁ sannipātaṁ jaññā pubbaparāni ca,
sa ve antimasārīro mahāpañño (mahāpuriso) ti vuccati.

353 Sabbābhibhū sabbavidūham-asmi,
sabbesu dhammesu anūpalitto,
sabbañjaho taṇhakkhaye vimutto,
sayaṁ abhiññāya, kam-uddiseyyaṁ.

354 Sabbadānaṁ Dhammadānaṁ jināti,
sabbaṁ rasaṁ Dhammaraso jināti,
sabbaṁ ratiṁ Dhammaratiṁ jināti,
taṇhakkhayo sabbadukkhaṁ jināti.

355 Hananti bhogā dummedhaṁ no ve pāragavesino,
bhogataṇhāya dummedho hanti aññe va attanaṁ.

356 Tiṇadosāni khettāni, rāgadosā ayaṁ pajā,
tasmā hi vītarāgesu dinnaṁ hoti mahapphalaṁ.

357 Tiṇadosāni khettāni, dosadosā ayaṁ pajā,
tasmā hi vītadosesu dinnaṁ hoti mahapphalaṁ.

358 Tiṇadosāni khettāni, mohadosā ayaṁ pajā,
tasmā hi vītamohesu dinnaṁ hoti mahapphalaṁ.

352 Má bhíonn duine gan chíocras, saor ó cheangail,
is oilte ar theanga na scrioptúr,
agus má bhíonn a n-ord is a n-eagar ar eolas aige,
tugtar "gaiscíoch" ar an sár-eagnaí seo,
darb é seo a bheatha dheiridh.

353 Tá gach rud cloíte agam, agus gach rud ar eolas agam.
Agus ní chuireann rud ar bith smál orm.
Ag fágáil gach rud i mo dhiaidh, táim saortha
toisc go bhfuil cíocras scriosta.
Tá gach rud tuigthe go hiomlán agam as mo stuaim féin.
Cé air a dtabharfainn "múinteoir"?

354 Sáraíonn tabhairt an Dharma gach tabhairt.
Sáraíonn blas an Dharma gach blas.
Sáraíonn pléisiúr an Dharma gach pléisiúr.
Sáraíonn léirscrios an chíocrais gach léan.

355 Gortaíonn maoin an t-amadán.
Ní ghortaíonn sí an té a lorgaíonn an cladach eile.
Gortaíonn an t-amadán é féin agus daoine eile
trína chíocras maoine.

356 Milleann fiaile gort. Milleann ainmhianta an cine daonna.
Bíonn cúiteamh mór ar an rud a thugtar dóibh siúd
a bhfuil a n-ainmhianta imithe uathu.

357 Milleann fiaile gort. Milleann mírún an cine daonna.
Bíonn cúiteamh mór ar an rud a thugtar dóibh siúd
a bhfuil mírún imithe uathu.

358 Milleann fiaile gort. Milleann seachrán an cine daonna.
Bíonn cúiteamh mór ar an rud a thugtar dóibh siúd
a bhfuil seachrán imithe uathu.

359 Tiṇadosāni khettāni, icchādosā ayaṁ pajā,
tasmā hi vigaticchesu dinnaṁ hoti mahapphalaṁ.

Taṇhāvaggo Catuvīsatimo

359 Milleann fiaile gort. Milleann dúil an cine daonna.
Bíonn cúiteamh mór ar an rud a thugtar dóibh siúd
a bhfuil dúil imithe uathu.

An Chaibidil faoin gCíocras, an Ceathrú Ceann is Fiche

25

Bhikkhuvaggo

360 Cakkhunā saṁvaro sādhu, sādhu sotena saṁvaro,
ghāṇena saṁvaro sādhu, sādhu jivhāya saṁvaro,

361 kāyena saṁvaro sādhu, sādhu vācāya saṁvaro,
manasā saṁvaro sādhu, sādhu sabbattha saṁvaro,
sabbattha saṁvuto bhikkhu sabbadukkhā pamuccati.

362 Hatthasaṁyatŏ pādasaṁyato,
vācāya saṁyatŏ saṁyatuttamo,
ajjhattarato samāhito,
eko santusito: tam-āhu bhikkhuṁ.

363 Yo mukhasaṁyato bhikkhu, mantabhāṇī anuddhato,
atthaṁ Dhammañ-ca dīpeti, madhuraṁ tassa bhāsitaṁ.

25

An Chaibidil faoi na Manaigh

360 Is maith an rud í guaim ar an tsúil.
Is maith an rud í guaim ar an gcluas.
Is maith an rud í guaim ar an tsrón.
Is maith an rud í guaim ar an teanga.

361 Is maith an rud í guaim ar an gcolainn.
Is maith í an rud guaim ar chaint.
Is maith an rud í guaim ar an intinn.
Is maith an rud í guaim i ngach rud.
Beidh an manach a bhfuil guaim air i ngach rud
saortha ó gach léan.

362 Tá smacht aige ar a lámha, ar a chosa, agus ar a chaint—
tá smacht iomlán aige air féin.
Tá sé socair sásta, tá aoibhneas ina chroí istigh,
agus tá sé ina aonarán: is ar a leithéid seo a thugtar "manach".

363 Is binn í caint an mhanaigh a bhfuil smacht aige ar a bhéal,
a thugann dea-chomhairle gan mhórchúis, ag soiléiriú
chiall an Dharma.

364 Dhammārāmo Dhammarato, Dhammaṁ anuvicintayaṁ,
Dhammaṁ anussaraṁ bhikkhu, Saddhammā na parihāyati.

365 Salābhaṁ nātimaññeyya, nāññesaṁ pihayaṁ care,
aññesaṁ pihayaṁ bhikkhu samādhiṁ nādhigacchati.

366 Appalābho pi ce bhikkhu salābhaṁ nātimaññati,
taṁ ve devā pasaṁsanti suddhājīviṁ atanditaṁ.

367 Sabbaso nāmarūpasmiṁ yassa natthi mamāyitaṁ,
asatā ca na socati, sa ve bhikkhū ti vuccati.

368 Mettāvihārī yo bhikkhu, pasanno Buddhasāsane,
adhigacche padaṁ santaṁ, saṅkhārūpasamaṁ sukhaṁ.

369 Siñca bhikkhu imaṁ nāvaṁ, sittā te lahum-essati,
chetvā rāgañ-ca dosañ-ca, tato Nibbānam-ehisi.

370 Pañca chinde, pañca jahe, pañca cuttaribhāvaye,
pañca saṅgātigo bhikkhu oghatiṇṇo ti vuccati.

371 Jhāya, bhikkhu, mā ca pāmado,
mā te kāmaguṇe bhamassu cittaṁ,
mā lohaguḷaṁ gilī, pamatto,
mā kandi: "Dukkham-idan"-ti ḍayhamāno.

364 Más aoibhinn leis an manach an Dharma,
má bhíonn sé tiomanta don Dharma,
má bhíonn sé ag déanamh machnaimh ar an Dharma,
á choimeád ina aigne, ní thitfidh sé riamh ón bhfíor-Dharma.

365 Ná déan a bheag de do shochar féin. Ná bí in éad le daoine eile.
Ní bhainfidh an manach éadmhar díriú intinne amach.

366 Fiú más beag an sochar a bhailíonn sé,
ní beag leis an manach é an méid sin.
Maireann sé i nglaineacht go díograiseach,
agus molann na déithe féin é.

367 Ní mór aige aon rud ina intinn ná ina cholainn,
is níl sé buartha faoi rudaí nach ann dóibh:
is airsean a thugtar "manach" go deimhin.

368 Ag gnáthú na ceanúlachta, muiníneach as teagasc an Bhúda,
bainfidh sé suaimhneas agus sonas amach,
agus ciúnófar na rudaí riochtaithe go léir.

369 Taosc an bád seo, a mhanaigh! Agus é taosctha,
is mear a rachaidh tú inti.
Rachaidh tú i ngiorracht le Nirbheána,
de bharr ainmhian agus mírún a scriosadh.

370 Scoith cúig cinn, tréig cúig cinn, agus cothaigh cúig cinn fós.[35]
Tugtar "an té a chuaigh trasna na tuile" ar an manach
a sháraíonn na cúig cheangal.

371 Déan machnamh, a mhanaigh! Ná bí faillitheach.
Ná casadh pléisiúir na gcéadfaí d'intinn thart ina cuaifeach.
Ná slog go faillitheach an liathróid iarainn.[36]
Agus tú do do loisceadh, ná habair go cásmhar "Táim faoi léan!"

372 Natthi jhānaṁ apaññassa, paññā natthi ajhāyato,
yamhi jhānañ-ca paññā ca sa ve Nibbānasantike.

373 Suññāgāraṁ paviṭṭhassa, santacittassa bhikkhuno,
amānusī ratī hoti sammā Dhammaṁ vipassato.

374 Yato yato sammasati khandhānaṁ udayabbayaṁ
labhatī pītipāmojjaṁ, amataṁ taṁ vijānataṁ.

375 Tatrāyam-ādi bhavati idha paññassa bhikkhuno:
indriyagutti santuṭṭhī, pātimokkhe ca saṁvaro.

376 Mitte bhajassu kalyāṇe suddhājīve atandite,
paṭisanthāravuttassa ācārakusalo siyā,
tato pāmojjabahulo, dukkhassantaṁ karissati.

377 Vassikā viya pupphāni maddavāni pamuñcati,
evaṁ rāgañ-ca dosañ-ca vippamuñcetha bhikkhavo.

378 Santakāyo santavāco, santavā susamāhito,
vantalokāmiso bhikkhu upasanto ti vuccati.

379 Attanā codayattānaṁ, paṭimāsettam-attanā,
so attagutto satimā sukhaṁ bhikkhu vihāhisi.

372 Ní éiríonn leis an té atá gan eagna machnamh a dhéanamh.
Níl aon eagna ag an té nach ndéanann machnamh.
Tá Nirbheána féin gar don té a bhfuil eagna aige
agus a dhéanann machnamh.

373 Bíonn aoibhneas fordhaonna ar an manach a théann
ar an uaigneas,
agus intinn shuaimhneach agus léargas glinn ar an Dharma
i gceart aige.

374 Má fhaigheann duine máistreacht ar éirí na mbailiúchán beithsine
agus ar a meath,
tagann áthas agus aoibhneas dá bharr.
Is é seo an neamhbhásmhaireacht dóibh siúd a thuigeann é.

375 Seo bunchúraimí an mhanaigh eagnaí:
airdeall ar na céadfaí, sástacht, agus guaim de réir na bhforaitheanta.

376 Téigh i gcumann le cairde macánta díograiseacha
a bhfuil slí bheatha ghlan acu.
Bí cairdiúil, agus bíodh dea-iompar fút.
Ansin beidh tú lán áthais, agus cuirfidh tú deireadh leis an léan.

377 Go díreach mar a chuireann an tseasmain a bláthanna feoite di,
cuirigí díbh ainmhian agus mioscais, a mhanacha.

378 Tugtar "socair" ar an manach atá suaimhneach ina cholainn
agus ina chaint,
atá stuama sámh, agus a bhfuil baoite an tsaoil caite uaidh.

379 Spreag thú féin, agus iniúch thú féin.
Is go sona a mhairfidh an manach meabhrach
a bhíonn faichilleach air féin.

380 Attā hi attano nātho, attā hi attano gati,
tasmā saṁyamayattānaṁ assaṁ bhadraṁ va vāṇijo.

381 Pāmojjabahulo bhikkhu, pasanno Buddhasāsane,
adhigacche padaṁ santaṁ, saṅkhārūpasamaṁ sukhaṁ.

382 Yo have daharo bhikkhu yuñjati Buddhasāsane,
sŏ imaṁ lokaṁ pabhāseti, abbhā mutto va candimā.

Bhikkhuvaggo Pañcavīsatimo

380 Is tusa do chosantóir féin. Is fút féin do thriall.
Mar sin, cuir srian leat féin mar a chuireann an ceannaí srian
le capall maith.

381 Má bhíonn manach lán áthais agus muiníneach
as teagasc an Bhúda,
bainfidh sé suaimhneas agus sonas amach,
agus ciúnófar na rudaí riochtaithe go léir.

382 Má luíonn manach isteach ar theagasc an Bhúda,
bíodh is go bhfuil sé óg,
caitheann sé solas ar an saol
amhail gealach a thagann amach as scamall.

An Chaibidil faoi na Manaigh, an Cúigiú Ceann is Fiche

26

Brāhmaṇavaggo

383 Chinda sotaṁ parakkamma, kāme panuda, brāhmaṇa,
saṅkhārānaṁ khayaṁ ñatvā, akataññūsi, brāhmaṇa.

384 Yadā dvayesu dhammesu pāragū hoti brāhmaṇo,
athassa sabbe saṁyogā atthaṁ gacchanti jānato.

385 Yassa pāraṁ apāraṁ vā pārāpāraṁ na vijjati,
vītaddaraṁ visaṁyuttaṁ, tam-ahaṁ brūmi brāhmaṇaṁ.

386 Jhāyiṁ virajam-āsīnaṁ, katakiccaṁ anāsavaṁ,
uttamatthaṁ anuppattaṁ, tam-ahaṁ brūmi brāhmaṇaṁ.

387 Divā tapati ādicco, rattiṁ ābhāti candimā,
sannaddho khattiyo tapati, jhāyī tapati brāhmaṇo,
atha sabbam-ahorattiṁ Buddho tapati tejasā.

26
An Chaibidil faoi na Brámain

383 Tabhair faoin sruth a chosc. Díbir mianta na gcéadfaí, a Bhrámain.
Má fheiceann tú deireadh na rudaí riochtaithe,
feicfidh tú an neamhchruthaithe, a Bhrámain.

384 Nuair a théann Bráman trasna don chladach eile maidir le dhá rud—
léargas agus díriú intinne—imíonn gach laincis
ón duine tuisceanach seo.

385 Maidir leis an té nach ann dó an cladach abhus, an cladach thall,
ná an dá chladach araon,
atá gan eagla gan cheangal—is airsean a thugaimse "Bráman".

386 Déanann sé machnamh. Ina shuí go socair,
tá sé gan smál ná truaillíocht.
Tá a chúram déanta aige, agus an aidhm is airde bainte amach
aige—is airsean a thugaimse "Bráman".

387 Soilsíonn an ghrian i rith an lae, agus soilsíonn an ghealach
i rith na hoíche.
Soilsíonn an laoch agus é faoi arm. Soilsíonn an Bráman
agus é ag déanamh machnaimh.
Agus soilsíonn an Búda go dealraitheach lá is oíche.

388 Bāhitapāpo ti brāhmaṇo,
samacariyā samaṇo ti vuccati,
pabbājayam-attano malaṁ
tasmā pabbajito ti vuccati.

389 Na brāhmaṇassa pahareyya, nāssa muñcetha brāhmaṇo,
dhī brāhmaṇassa hantāraṁ, tato: dhī yassa muñcati.

390 Na brāhmaṇass' etad-akiñci seyyo:
yadā nisedho manaso piyehi,
yato yato hiṁsamano nivattati,
tato tato sammati-m-eva dukkhaṁ.

391 Yassa kāyena vācāya manasā natthi dukkataṁ,
saṁvutaṁ tīhi ṭhānehi, tam-ahaṁ brūmi brāhmaṇaṁ.

392 Yamhā Dhammaṁ vijāneyya Sammāsambuddhadesitaṁ,
sakkaccaṁ taṁ namasseyya, aggihuttaṁ va brāhmaṇo.

393 Na jaṭāhi na gottena, na jaccā hoti brāhmaṇo,
yamhi saccañ-ca Dhammo ca, so sucī so va brāhmaṇo.

394 Kiṁ te jaṭāhi dummedha, kiṁ te ajinasāṭiyā?
Abbhantaraṁ te gahanaṁ, bāhiraṁ parimajjasi.

395 Paṁsukūladharaṁ jantuṁ, kisaṁ dhamanisanthataṁ,
ekaṁ vanasmiṁ jhāyantaṁ, tam-ahaṁ brūmi brāhmaṇaṁ.

388 Tugtar "Bráman" ar an té a chuireann an ruaig ar an olc.
Tugtar "díthreabhach" ar an té a mhaireann i suaimhneas.
Tugtar "manach" ar an té
a thréigeann a chuid smál.

389 Níl sé ceart bráman a bhualadh. Ach ní cóir don bhráman
a chuid feirge a ligean amach ar an té a bhuail é.
Mo náire an té a bhuaileann bráman! Ach is mó an náire an té
a ligeann amach a chuid feirge.

390 Níl faic níos fearr do bhráman
ná a intinn a choinneáil siar
ó rudaí a bhfuil gean aige orthu.
Ní cheansaítear an léan nó go dtugann sé cúl le fonn gortaithe.

391 An té nach ndéanann olc ina ghníomhartha, ina chaint,
ná ina intinn—
atá faoi shrian sa trí bhealach seo: airsean a thugaim "Bráman".

392 Ba chóir an-ómós a thabhairt don té a mhúin duit
an Dharma a theagasc an fíor-Bhúda lánmhúscailte,
faoi mar a thugann Bráman ómós don tine íobartha.

393 Ní gruaig chlibíneach ná sinsir ná breith a dhéanann Bráman.
Is Bráman é an té atá glan, ina bhfuil fírinne agus an Dharma.

394 Cén mhaith duit í do ghruaig chlibíneach, a amadáin?
Cén mhaith duit í do chuid éadaí atá déanta as seithe antalóip?
Tá tú in aimhréidh istigh ionat, ach ní chíorann tú
ach an taobh amuigh.

395 Tugaim "Bráman" ar an duine atá tanaí féitheach,
nach bhfuil air ach na giobail,
a dhéanann machnamh ina aonar sa choill.

396 Na cāhaṁ brāhmaṇaṁ brūmi yonijaṁ mattisambhavaṁ,
bhovādī nāma so hoti sace hoti sakiñcano;
akiñcanaṁ anādānaṁ, tam-ahaṁ brūmi brāhmaṇaṁ.

397 Sabbasaṁyojanaṁ chetvā yo ve na paritassati,
saṅgātigaṁ visaṁyuttaṁ, tam-ahaṁ brūmi brāhmaṇaṁ.

398 Chetvā naddhiṁ varattañ-ca, sandānaṁ sahanukkamaṁ,
ukkhittapalighaṁ buddhaṁ, tam-ahaṁ brūmi brāhmaṇaṁ.

399 Akkosaṁ vadhabandhañ-ca aduṭṭho yo titikkhati,
khantībalaṁ balānīkaṁ, tam-ahaṁ brūmi brāhmaṇaṁ.

400 Akkodhanaṁ vatavantaṁ, sīlavantaṁ anussutaṁ,
dantaṁ antimasārīraṁ, tam-ahaṁ brūmi brāhmaṇaṁ.

401 Vāri pokkharapatte va, āragge-r-iva sāsapo,
yo na lippati kāmesu, tam-ahaṁ brūmi brāhmaṇaṁ.

402 Yo dukkhassa pajānāti idheva khayam-attano,
pannabhāraṁ visaṁyuttaṁ, tam-ahaṁ brūmi brāhmaṇaṁ.

396 Ní de bharr a dhúchais a thugaim "Bráman" ar dhuine,
 ná de bharr an mháthair a rug é.
"Postúil" a thugaim air má bhíonn sé gafa i rudaí.
Ach mura mbíonn sé gafa i rudaí, agus má bhíonn sé saor
 ó cheangail, tugaimse "Bráman" air.

397 Tugaim "Bráman" ar an té a bhfuil gach laincis scriosta aige agus
nach mbíonn corraithe—na ceangail sáraithe aige,
 agus é gan cheangal.

398 Scoitheann sé iall, úim, laincis, agus adhastar.
Tá gach constaic tógtha de, agus é múscailte.
 Is airsean a thugaim "Bráman".

399 Cuireann sé suas go dea-mhéineach le maslaí, greadadh,
 agus géibheann.
Is í an fhadfhulaingt a chumhacht agus a neart.
 Tugaim "Bráman" airsean.

400 Tá sé cairdiúil cráifeach agus suáilceach.
 Tá sé ceansaithe agus gan uabhar.
Ní shaolófar arís é. Tugaim "Bráman" airsean.

401 Amhail uisce ar dhuilleog loiteoige,
 nó amhail síol mustaird ar bhior meana,
ní ghreamaíonn sé de phléisiúir na gcéadfaí.
 Tugaim "Bráman" airsean.

402 Tugaim "Bráman" ar an té a thuigeann abhus dó féin
 scrios an léin,
a bhfuil a ualach leagtha uaidh, agus atá gan cheangal.

403 Gambhīrapaññaṁ medhāviṁ, maggāmaggassa kovidaṁ,
uttamatthaṁ anuppattaṁ, tam-ahaṁ brūmi brāhmaṇaṁ.

404 Asaṁsaṭṭhaṁ gahaṭṭhehi anāgārehi cūbhayaṁ,
anokasāriṁ appicchaṁ, tam-ahaṁ brūmi brāhmaṇaṁ.

405 Nidhāya daṇḍaṁ bhūtesu tasesu thāvaresu ca,
yo na hanti na ghāteti, tam-ahaṁ brūmi brāhmaṇaṁ.

406. Aviruddhaṁ viruddhesu, attadaṇḍesu nibbutaṁ,
sādānesu anādānaṁ, tam-ahaṁ brūmi brāhmaṇaṁ.

407 Yassa rāgo ca doso ca māno makkho ca pātito,
sāsapo-r-iva āraggā, tam-ahaṁ brūmi brāhmaṇaṁ.

408 Akakkasaṁ viññapaniṁ giraṁ saccaṁ udīraye,
yāya nābhisaje kañci, tam-ahaṁ brūmi brāhmaṇaṁ.

409 Yodha dīghaṁ va rassaṁ vā aṇuṁ-thūlaṁ subhāsubhaṁ,
loke adinnaṁ nādiyati, tam-ahaṁ brūmi brāhmaṇaṁ.

410 Āsā yassa na vijjanti asmiṁ loke paramhi ca,
nirāsayaṁ visaṁyuttaṁ, tam-ahaṁ brūmi brāhmaṇaṁ.

403 Tá a chuid eolais domhain. Tá sé cliste, agus aithníonn sé
an chonair cheart thar an gconair mhícheart.
Tá an aidhm is airde bainte amach aige.
Is airsean a thugaim "Bráman".

404 Tugaim "Bráman" ar an té nach mbíonn i gcuideachta le tuataí
ná le díthreabhaigh,
agus é ag dul thart gan chónaí, ag tnúth le beagán.

405 Cuireann sé uaidh an bata i leith neach beo,
cibé acu creathach nó dochorraithe iad.
Ní mharaíonn sé agus ní thugann ar dhaoine eile marú a dhéanamh.
Is airsean a thugaim "Bráman".

406 Níl bac air i measc na mbactha.
Tá sé fuascailte i measc lucht an fhoréigin.
Tá sé saor ó cheangail i measc na gceangailte.
Is airsean a thugaim "Bráman".

407 Tugaim "Bráman" ar an té a dtiteann mírún, mórtas,
agus fimíneacht de,
faoi mar a thiteann síol mustaird de bhior meana.

408 Tugaim "Bráman" ar a té a labhraíonn go faisnéiseach fírinneach
le teanga mhín, gan eascaine a dhéanamh ar éinne.

409 An té sa saol seo nach dtógann an rud nár tugadh dó,
bíodh sé fada nó gearr,
beag nó mór, taitneamhach nó míthaitneamhach:
tugaim "Bráman" airsean.

410 An té nach bhfuil mianta aige sa saol seo nó sa saol eile,
nach bhfuil ag brath ar aon rud,
agus atá gan cheangal: tugaim "Bráman" airsean.

411 Yassālayā na vijjanti, aññāya akathaṅkathī,
amatogadhaṁ anuppattaṁ, tam-ahaṁ brūmi brāhmaṇaṁ.

412 Yodha puññañ-ca pāpañ-ca ubho saṅgaṁ upaccagā,
asokaṁ virajaṁ suddhaṁ, tam-ahaṁ brūmi brāhmaṇaṁ.

413 Candaṁ va vimalaṁ suddhaṁ, vippasannam-anāvilaṁ,
nandībhavaparikkhīṇaṁ, tam-ahaṁ brūmi brāhmaṇaṁ.

414 Yo imaṁ palipathaṁ duggaṁ saṁsāraṁ moham-accagā,
tiṇṇo pāragato jhāyī, anejo akathaṅkathī,
anupādāya nibbuto, tam-ahaṁ brūmi brāhmaṇaṁ.

415 Yodha kāme pahatvāna anāgāro paribbaje,
kāmabhavaparikkhīṇaṁ, tam-ahaṁ brūmi brāhmaṇaṁ.

416 Yodha taṇhaṁ pahatvāna, anāgāro paribbaje,
taṇhābhavaparikkhīṇaṁ, tam-ahaṁ brūmi brāhmaṇaṁ.

417 Hitvā mānusakaṁ yogaṁ, dibbaṁ yogaṁ upaccagā,
sabbayogavisaṁyuttaṁ, tam-ahaṁ brūmi brāhmaṇaṁ.

411 Tugaim "Bráman" ar an té nach gcloíonn le rudaí,
a bhfuil tuiscint aige
ionas nach bhfuil amhras air, a n-éiríonn leis é féin a thumadh
i Nirbheána.

412 Tugaim "Bráman" ar an té a sháraíonn a cheangail sa saol seo
leis an maith agus an olc araon,
atá gan mhairg, gan smál, agus glan.

413 Tá sé cosúil leis an ngealach:
glan, gléineach, neamhchorraithe, is gan smál.
Tá sult sa saol scriosta ar fad dó. Is airsean a thugaim "Bráman".

414 Tá an chontúirt seo, an tslí anróiteach seo,
an *samsāra* seachránach seo sáraithe aige.
Tá sé imithe trasna don chladach eile. Agus é ag déanamh
machnaimh, tá sé saor ó andúil agus ó amhras.
Tá sé fuascailte agus ní chloíonn sé le haon rud:
tugaim "Bráman" airsean.

415 An té a thréigeann mianta na gcéadfaí abhus,
a théann ag fánaíocht ina dhíthreabhach,
agus a scriosann ainmhianta agus teacht chun bheith araon:
tugaim "Bráman" airsean.

416 An té a thréigeann cíocras abhus,
a théann ag fánaíocht ina dhíthreabhach,
agus a scriosann cíocras agus teacht chun bheith araon:
tugaim "Bráman" airsean.

417 Tugaim "Bráman" ar an té a fhágann géibhinn dhaonna
ina dhiaidh
agus a sháraíonn géibhinn neamhaí, agus é dícheangailte
ó gach géibheann.

418 Hitvā ratiñ-ca aratiñ-ca, sītibhūtaṁ nirūpadhiṁ,
sabbalokābhibhuṁ vīraṁ, tam-ahaṁ brūmi brāhmaṇaṁ.

419 Cutiṁ yo vedi sattānaṁ upapattiñ-ca sabbaso,
asattaṁ sugataṁ buddhaṁ, tam-ahaṁ brūmi brāhmaṇaṁ.

420 Yassa gatiṁ na jānanti devā gandhabbamānusā—
khīṇāsavaṁ Arahantaṁ, tam-ahaṁ brūmi brāhmaṇaṁ.

421 Yassa pure ca pacchā ca majjhe ca natthi kiñcanaṁ,
akiñcanaṁ anādānaṁ, tam-ahaṁ brūmi brāhmaṇaṁ.

422 Usabhaṁ pavaraṁ vīraṁ, mahesiṁ vijitāvinaṁ,
anejaṁ nhātakaṁ buddhaṁ, tam-ahaṁ brūmi brāhmaṇaṁ.

423 Pubbenivāsaṁ yo vedī, saggāpāyañ-ca passati,
atho jātikkhayaṁ patto, abhiññāvosito muni,
sabbavositavosānaṁ, tam-ahaṁ brūmi brāhmaṇaṁ.

Brāhmaṇavaggo Chabbīsatimo

Dhammapadaṁ Niṭṭhitaṁ

418 Fágann sé "is maith liom" agus "ní maith liom" ina dhiaidh.
Tá sé réchúiseach agus saor ó cheangail.
Tugaim "Bráman" ar an laoch seo, a sháraíonn an saol
ina iomlán.

419 Tugaim "Bráman" ar an té a thuigeann go hiomlán breith neach
agus a mbás—
an té atá gan cheangal, múscailte, a bhfuil dea-chríoch air.

420 Ní heol do dhia, do *ghandharva*, ná do dhuine daonna a chúrsa.
Bhain sé gach truaillíocht de féin, agus tá sé ina Arhat:
is airsean a thugaimse "Bráman".

421 Tugaim "Bráman" ar an té nach mbíonn faic aige, san am
atá thart, san am atá ann anois, ná san am atá le teacht—
duine atá saor ó cheangail agus nach gcloíonn le haon rud.

422 Tá sé chomh láidir le tarbh den chéad scoth. Is laoch é,
agus é ina fháidh mór.
Tá sé buach, saor ó andúil, múscailte, agus an t-olc nite uaidh.
Is airsean a thugaim "Bráman".

423 Is eol dó na saolta a bhí aige roimhe seo,
agus feiceann sé neamh is ifreann araon.
Chuir sé deireadh leis an athbhreith—
an saoi seo a bhfuil ardeagna bainte amach aige!
Tugaim "Bráman" airsean, a bhain amach
a bhfuil le baint amach.

An Chaibidil faoi na Brámain, an Séú Ceann is Fiche

Seo deireadh na véarsaí Dharma

Nótaí

1 (v. 7) *Māra*: an cathaitheoir—deamhan a iarrann daoine a mhealladh ó léargas.
2 (v. 20) *Dharma* (Páilis *Dhamma*): an dlí nádúrtha a theagasc an Búda.
3 (v. 37) *i gcuas*: Tá an bhrí doiléir. B'fhéidir gur tagairt é seo d'áit lonnaithe na hintinne sa chorp.
4 (v. 54) *tagara*: túis a dhéantar as cineál toir (*Tabernaemontana coronaria*).
5 (v. 60) *samsāra*: an timthriall athbhreithe.
6 (v. 70) Cleachtadh aiséitiúil i ré an Bhúda ab ea é bia a ithe le bior ribe féir.
7 (teideal) *Arhat* (Páilis *Arahant*): duine a bhaineann Nirbheána amach mar thoradh ar theagasc an Bhúda a chur i bhfeidhm.
8 (v. 92) .i. a thuigeann nach ceart bia a ithe d'fonn pléisiúir, ach é a ithe d'fhonn an corp a chothú.
9 (v. 97) .i. Nirbheána, nach bhfuil cruthaithe nó déanta.
10 (v. 104) *gandharva*: cineál déive (dia tánaisteach). Ceaptar iad a bheith ina n-oirfideach ar neamh.
11 (v. 104) *Bráma* (Sanscrait agus Páilis *Brahmā*): dia mór le rá sa chreideamh Hiondúch.
12 (v. 142) *bráman* (Sanscrait agus Páilis *brāhmaṇa*): duine de shainaicme na sagart. Cheaptaí go raibh naofacht faoi leith ag baint leis an mBráman, cé nár ghlac an Búda leis sin.
13 (v. 153) *tógálaí tithe*: tógálaí an tsaoil seo, údar na hathbhreithe.
14 (teideal) *Attavaggo*: Tá débhríocht ag baint leis an bhfocal seo. Tá dhá chiall ag *Attā* (Sanscrait *Ātman*): an coincheap fealsúnach, a dtugtar "an Féin" air i nGaeilge uaireanta, agus gnáthchiall an fhocail "féin" i leaganacha mar "mé féin", "thú féin", ⁊rl. Ní léir dom go bhfuil an chiall fhealsúnach i gceist sa chaibidil seo, agus b'fhéidir go mbeadh leagan ar nós "Caibidil an 'Féin'" nó "An Chaibidil 'Thú Féin'" níos fearr. Séanann Búdaithe go bhfuil bunús leis an gcoincheap fealsúnach seo ar aon chuma.
15 (v. 164) Faigheann an bambú bás i ndiaidh a thoradh a thabhairt.
16 (v. 178) *dul isteach sa sruth*: an chéad chéim den Léargas.

17 (v. 179) *Gan rian*: gan rian na ainmhéine, rian an fhuatha, ná rian an tseachráin air.

18 (v. 190) *Saṅgha*: an t-ord manach agus mná rialta a bhunaigh an Búda.

19 (v. 191) Molann an Coiste Téarmaíochta "léan" mar aistriúchán ar an bhfocal *dukkha* (Sanscrait *duḥkha*), ach tá ciall i bhfad níos leithne aige sa bhunteanga. Ní gá go mbeadh *dukkha* chomh trom is a thabharfadh an focal "léan" le fios. Tá baint aige le "anacair", "buairt", "crá", "pian", "míshástacht", "strus", nó "míshuaimhneas".

20 (v. 202) *na bailiúcháin bheithsine*: áiritear san fhealsúnacht Bhúdaíoch go bhfuil an duine déanta as cúig chomhábhar a dtugtar "na bailiúcháin bheithsine" orthu. Is iad na bailiúcháin bheithsine ná cruth fisiciúil na colainne, an mothú, an aireachtáil, tógáin na hintinne, agus an comhfhios. Tá míniú iomlán le fáil iontu seo ar bheithsine an duine, go fisiciúil agus go meabhrach, de réir na teoirice. Ceaptar go mbíonn dlúthbhaint ag an léan leo, freisin, má chloítear leo, ós rud é go bhfuil siad neamhbhuan luaineach.

21 (v. 203) *na rudaí ríochtaithe*: *saṅkhāra* sa Pháilis (Sanscrait *saṃskāra*), focal atá beagnach do-aistrithe. Go litriúil, "rud atá curtha le chéile", ach tá a bhrí níos leithne. Aon ní a bhfuil tionchar ag rudaí eile air, nó átá faoi réir cúinsí eile, is *saṅkhāra* é sin. Cuireann an téarma síos ar an saol ina iomlán, agus sinn san áireamh. Bíonn léan ag baint lena leithéid má cloítear leis, mar nach bhfuil aon eisint bhuan iontu ar féidir brath uirthi.

22 (v. 227) *Atula*: ainm pearsanta.

23 (v. 255) Féach fonóta uimhir 21.

24 (v. 275) *an tsaighead*: go meafarach, dúil nó ainmhian.

25 (v. 286) an baol go gcuirfeadh an bás a rún ó rath.

26 (v. 293) *meabhrachas*: focal nach bhfuil le fáil in aon fhoclóir, go bhfios dom, ach a bhfuil a bhrí soiléir—staid an duine atá meabhrach. Aistriúchán is ea é seo ar an bhfocal Páilise "*sati*". Uaireanta tugtar "aireachas" nó "machnamhacht" air i nGaeilge (mar shampla, tá "aireachas ar análú" ag an gCoiste Téarmaíochta), ach tá baint ag an bhfocal Páilise le cuimhne, rud nach bhfuil ag an bhfocal "aireachas".

27 (v. 294) Níl sainaicme na mBráman i gceist anseo, ach na fíor-Bhrámain—is é seo le rá, daoine spioradálta, dar leis an mBúda. Féach Caibidil 26, ina bhfuil cur síos fada ar an bhfíor-Bhráman.

28 (v. 294) Meafar is ea é seo go deimhin. De réir na dtráchtairí, is ionann an mháthair agus an craos; an t-athair agus an mhórchúis; an bheirt rí-laoch agus creideamh i nihileachas agus creideamh i mbeithsine shíoraí. Is ionann an ríocht agus na céadfaí, agus is ionann pobal na ríochta agus an drúis agus an dúil.

29 (v. 295) Dála véarsa 294, meafar is ea é seo. De réir na dtráchtairí, is ionann an mháthair agus an craos, agus is ionann an t-athair agus an mhórchúis. Meafar atá sa bheirt ríthe léannta do dhá thuairim mhíchuibheasacha. Is ionann an tíogar agus na cúig chonstaic intinne: dúil sna céadfaí, naimhdeas, leisce, míshocracht, agus díchreideamh.

30 (v. 296) *Gautama*: sloinne an Bhúda, darbh ainm *Siddĥārtĥa Gautama* (Páilis *Siddĥattĥa Gotama*).

31 (v. 323) .i. Nirbheána.

32 (v. 332) Féach fonóta 27.

33 (v. 340) *an féitheach*: cíorcras. Féach véarsa 334.

34 (v. 344) Déanann an véarsa seo comparáid idir coill agus beatha an tuata, ag tagairt don té a éireodh as bheith ina mhanach. Féach véarsa 283.

35 (v. 370) Na cúig cinn atá le scoitheadh: creideamh i bhféiniúlacht phearsanta, amhras, cloí le rialacha agus deasghnátha, dúil i bpléisiúir na gcéadfaí, agus mioscais. Ná cuíg cinn atá le tréigean: dúil i mbeithsine i saol an damhna mhín, dúil i mbeithsine neamhábhartha, mórtas, míshocracht, agus aineolas. Na cúig shuáilce atá le cothú: muinín, meabhrachas, brí, díriú intinne, agus eagna. Na cúig cheangal: ainmhian, mioscais, seachrán, mórtas, agus tuairimí míchearta.

36 (v. 371) *an liathróid iarainn*: féach véarsa 308.

www.ingramcontent.com/pod-product-compliance
Lightning Source LLC
Chambersburg PA
CBHW021102090426
42738CB00006B/469

* 9 7 8 1 7 8 2 0 1 2 5 9 7 *